Wilhelm Ehrenthal

Das Kutschkelied auf der Seelenwanderung

Forschungen über die Quellen des Kutschkeliedes im grauen Altertume nebst alten Texten und Übersetzungen in neuere Sprachen

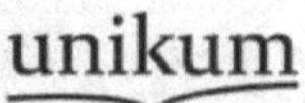

Wilhelm Ehrenthal

Das Kutschkelied auf der Seelenwanderung

Forschungen über die Quellen des Kutschkeliedes im grauen Altertume nebst alten Texten und Übersetzungen in neuere Sprachen

ISBN/EAN: 9783845742083

Erscheinungsjahr: 2012

Erscheinungsort: Bremen, Deutschland

www.unikum-verlag.de | office@unikum-verlag.de

Wilhelm Ehrenthal

Das Kutschkelied auf der Seelenwanderung

Forschungen über die Quellen des Kutschkeliedes im grauen Altertume nebst alten Texten und Übersetzungen in neuere Sprachen

Das Kutschkelied

auf der Seelenwanderung.

Forschungen
über die Quellen des Kutschkeliedes
im grauen Alterthume
nebst alten Texten und Uebersetzungen in neuere Sprachen.

Mit einer Hieroglyphen-Tafel.

Herausgegeben zum Besten der Deutschen Invalidenstiftung
von
Wilhelm Ehrenthal.

Sechste vermehrte Auflage.

Leipzig:
F. A. Brockhaus.

1871.

Vorwort zur fünften Auflage.

Die überaus wohlwollende Aufnahme, die dem „Kutschkelied auf der Seelenwanderung" zu Theil geworden ist, wird es entschuldigen, daß wir, nachdem vier starke Auflagen binnen wenigen Wochen vergriffen worden, jetzt mit einer vermehrten Auflage nochmals vor das Publikum treten. Ich sage wir; denn ich spreche zugleich im Namen der Verlagshandlung, der ein sehr erheblicher Theil der Mühe des Sammelns obgelegen hat, und im Namen der zahlreichen Mitarbeiter, denen ich hiermit zugleich für ihre werthvollen Beiträge meinen besten Dank abstatte.

Es kam darauf an, die Enthüllungen, die wir machen konnten, möglichst rasch zu veröffentlichen, ohne zu ängstliche Rücksicht auf die Gefahr, daß hie und da noch ein Text nicht völlig rein befunden werden möchte. Soweit möglich, ist jetzt die bessernde Hand angelegt worden. Von den neuen Beiträgen habe ich die zweite englische Uebersetzung unmittelbar hinter der ersten eingereiht, alles Uebrige aber in derselben Folge, in welcher es mir zugegangen war, in Form eines besonderen Abschnittes (S. 39—52) angeschlossen, um nicht zu einer Umarbeitung des ersten Abschnittes schreiten zu müssen, der sich gerade in seiner gegenwärtigen Gestalt Freunde erworben hat.

Möge zum Besten unserer wackern Invaliden dieser aus einem unscheinbaren, kleinen Samenkorne schnell emporgeschossene vielblättrige Baum fröhlich weiter gedeihen und Frucht tragen!

Vorwort zur sechsten Auflage.

Ich freue mich, auch diese schon so bald nöthig gewordene neue Auflage als eine vermehrte bezeichnen zu können. Außer einer rumänischen Uebersetzung ist ein äthiopischer Text und ein allemanischer Beitrag hinzugekommen. Die Grundlage des letztern bilden zwei von einem Ungenannten aus Urach mir zugegangene Bearbeitungen im strasburger und im berndeutschen Dialekt, die ich zusammengefaßt und in die schöne Sprache der im ganzen Deutschland gekannten und geliebten Hebel'schen „Allemannischen Gedichte" übertragen habe. Den freundlichen Einsendern meinen besten Dank.

Marienwerder, im Mai 1871.

W. Ehrenthal.

Während des Krieges.

Ende Juli 1870 erhielt ich von Saarbrücken einen Feldpostbrief, in welchem mich der biedere Füsilier Kutschke als alten hinterpommerschen Schulkameraden begrüßt.

Der Schluß des Briefes lautet: „Und da unser Lieutenant mir erzählt hat, daß Sie jetzt dabei sind, ein Kriegsgedicht der ollen Griechen von der Belagerung Trojas in die deutsche Sprache zu übersetzen, so erlaube ich mir, Ihnen hiermit dieses neue preußische Kriegslied, welches ich hier auf Vorposten gemacht habe, und welches schon ganz und gar deutsch ist, portofrei zuzuschicken. Womit ich verbleibe

Ihr ergebener

Kutschke
Füsilier."

Was kraucht da in dem Busch herum?
Ich glaub', es ist Napolium.
Was hat er rum zu krauchen dort?
Drauf, Kameraden, jagt ihn fort!

Dort haben sich im offnen Feld
Noch rothe Hosen aufgestellt.
Was haben die da rum zu stehn?
Drauf los! die müssen wir besehn!

Mit den Kanonen und Mamsell'n
Da knall'n sie, daß die Ohren gell'n.
Was haben die da rum zu knall'n?
Drauf, Kameraden, bis sie fall'n!

Napolium, Napolium,
Mit deiner Sache geht es krumm!
Mit Gott drauf los, dann ist's vorbei
Mit deiner ganzen Kaiserei!

Und die französ'sche Großmaulschaft,
Auf ewig wird sie abgeschafft.
Auf, nach Paris! den richt'gen Lohn
Dort geben wir der grrande nation.

„Bei unserer Kompagnie sind auch Leute aus Papenhagen und Jamund; die singen es noch anders, auf diese Art:

Wat kröp doa in den Busch herin?
Süll dat Napolium woll sin? —
Wat dukt hei sich doa in dat Krut? [1]
Tau, Jungens, staakt dat Diert doa rut!

Un achter up dei Kleewersaat
Stah'n rode Büxen ok parat.
Wat hebben dei doa rum tau stahn?
Dei möt wi vör den Brägen schlahn!

Ut ehr' Dreigörgeln scheiten's Blie,
As wihr dei Düwel ok doabi.
Wat hebben dei doa rum tau scheit'n?
Täuwt, Rackertögs, ji sält dat weit'n! [2]

Napolium, Napolium,
Mit dine Soak doa geit dat krumm!
Help Gott! denn is't mit di vörbie
Un dine ganze Maschkopie!

[1] Variante: Wat dukt hei sich doa achtern Duurn?
Up, Jungens, will'n em eis bilurn!
[2] Täuwt, Kinnings, will'n sei kuschen heit'n!

Von dei oll franzmännsch Prahlerie
Moak wi de Welt för ümme frie.
Up, na Paris! den richt'gen Lohn
Doa taalen wi dei grande Natschon."

Ich antwortete sofort, erhielt aber auf eine Reihe von Feldpostbriefen kein Lebenszeichen, bis endlich einer dieser Briefe aus dem Hauptquartier Versailles zurück kam mit folgender Einlage:

„Ihr alter Schulfreund Kutschke ist im ganzen deutschen Heere leider nicht zu ermitteln gewesen. Bei dem großen Interesse aber, welches Sie an seiner Poesie nehmen, wird es Ihnen willkommen sein, wenn ich mir erlaube, die Liebes-Cigarren, die Ihr Brief enthielt, hiermit gegen eine griechische Uebersetzung des Kutschkeliedes einzutauschen. Dieselbe ist das Produkt einer der vielen Mußestunden, die uns hier noch so lange beschieden sind, bis die zum Beginne des Pariser Cotillons unentbehrlichen zweifüßigen Knallbonbons in hinreichender Menge von der Munitionskolonne herangebracht sein werden.

E.......l.
Landwehrlieutenant."

Τί κραύχεται περὶ δρυμῶν;
Ὥς μοι δοκεῖ, Ναπωλίων.
Τί κεῖνος κραύχεται οὕτως;
Φοβεῖτε μιν καρπαλίμως!

Καὶ ἆμ πεδίον ἀμφί μιν
Ῥωθώσικοι ἑστήκασιν.
Τί τῇ ἑστᾶσιν; ἀλλ' ἄνα,
Ἄφαρ τοὺς ἐφωρώμεθα!

Καρθαύνοις καὶ μιτραιλίκαις
Βράχουσι μεγάλως πολλαῖς.
Τίη δὴ τῇδε βράχουσιν;
Ἀλλ' ἄν', εἰςόκε πίπτουσιν!

Ναπωλίον, Ναπωλίον,
Κυρτῶς εἶσιν ἔργον τὸ σόν!
Πρόσσω νυ σὺν Ѳεῷ: ἄφαρ
Αὐλεῖν ἄπεισι ὁ καῖσαρ!

Ἐκπέρσεται, ἦ μάλα δὴ,
Ἡ Φραγκὴ μεγαμαυλίκη.
Παρισίηνδε! τῇ βίων
Τίσις ἔσται τῆς grrande nation!

Wer konnte der Schreiber dieses Briefes sein? — Ich rieth auf jenen preußischen Landwehrlieutenant, der nach der Schlacht bei Sedan, wie damals die Zeitungen mittheilten, einen begeisterten Triumphbrief in reinstem Sanskrit nach der Heimat schrieb, oder auf jenen sächsischen Freiwilligen, der seinen König, als er beim Ausmarsch an ihm vorüber schritt, mit einem Verse des Horaz anredete:

„Majestas! Dulce et decorum est, pro patria mori!" worauf der König antwortete: „Bene dixisti!"

Vielleicht konnte mir mein verehrter Lehrer, der jetzt in ländlicher Zurückgezogenheit an der pommerschen Küste lebende Professor Dr. Hennicke, auf die Spur helfen. Ich theilte ihm also die Uebersetzung mit. Er wußte keinen Fingerzeig zu geben, schrieb mir aber zu meiner nicht geringen Ueberraschung Folgendes:

„Vor Kurzem fand ich in einer alten Klosterkirche des Ostseestrandes einen codex membranaceus minio eleganter scriptus, dessen schöne Majuskelschrift auf das 13. saeculum hinweiset. Der Titel lautet:

CARMINA POLITICA,
sive quae agunt de republica,
variorum poëtarum a me, fratre Ernesto,
jam uno volumine comprehensa.

Darunter von anderer Hand:

Ex bibliotheca Sti Michaelis Babenbergensis.

Fol. 31 steht merkwürdiger Weise das lateinische Original des berühmten Kutschkeliedes mit Varianten von verschiedenen Händen und Tinten. Der alte vates schaute, ein zweiter **Frater Hermannus Lehninensis**, im prophetischen Geiste die historische Situation bei Saarbrücken am 6. August 1870, und gab seinen Empfindungen den entsprechenden und, wie man sieht, hochclassischen Ausdruck. Der biedere Kutschke aber, den die zersetzende Kritik unserer Zeit gern aus einem historischen in einen mythischen Kutschke verflüchtigen möchte, hat augenscheinlich eine Kopie des Originals für seine Mußestunden mit auf Vorposten genommen und in dem entsprechenden Momente drastisch genug übersetzt. Vielleicht war eine von seiner Frau ihm nachgeschickte Mettwurst in ein Blatt aus seinem alten Schreibebuch eingewickelt. Der Küster an jener Kirche, zugleich Lehrer des Orts, benutzt noch jetzt das Original wegen der schönen Handschrift als Schreibvorlage beim Unterricht der Dorfjugend."

Hier das angebliche lateinische Original:

Quid repit illic per lucum?
Ni fallor, est Napolium.
Quid tandem repat? Agite,
Commilitones, pellite!

Et heu! in plano eminus
Braccis rubet exercitus!
Quid circumstent, non explico.
Noscamus eos illico.

Varianten.

Zu I. 1 u. 3: serpit und serpat oder reptat und reptet statt repit und repat.

" II. 1 u. 2: Et circa planum, ut vides,
Stant braccis rubris milites.
und
Et stat in plano insuper
Exercitus braccas ruber.

Tormentis et scorpionibus
Tumultum cient auribus.
Tumultum illi quid ciant?
Aggrediamur, dum cadant!

Napolium, Napolium,
Oblique fert curriculum!
Precantes invadamus! Tum
Lugebis: Fuit Ilium!

Gallorum os grandiloquum
Mutescet in perpetuum.
Lutetiam! Pro merito
Luit illustris natio.

Varianten.

Zu III. 1:	mitrallibus und mamsellibus statt scorpionibus.
„ IV. 2:	Iam imminet exitium! oder Non fugies interitum! oder Subvertis tibi solium! oder Res tibi jam cedit parum! oder Res tua heu! it perditum! oder In vada fert navigium! oder Cursum tenet navigium? oder Iam transiit solstitium! oder Non scandis Capitolium!
3:	Precati oder Orantes
4:	Prostratum est imperium, oder Transactum est imperium, oder Pro farre carpis lolium.
„ V. 3:	. . . . Quod meruit
4:	Illustris natio accipit, oder . . . . Iam merita Natio luit grrrandissima.

Mein Erstaunen war groß. Einen Augenblick dachte ich daran, daß mein guter Lehrer sich einen liebenswürdigen Scherz mit mir gemacht habe; aber bald gerieth ich durch den unverkennbaren Hebraismus in Strophe II. V. 2: braccis rubet exercitus auf eine andere Vermuthung. Sollte wohl das vorliegende angebliche Original die lateinische Vulgata eines hebräischen Kriegspsalmes oder eines Propheten-Bruchstückes sein? Der hiesige gelehrte Rabbiner, Dr. Jakobson, hielt es nicht für unmöglich, und versprach, im Synagogenarchiv weitere Nachforschungen anzustellen. Nach wenigen Tagen brachte er mir die glänzende Bestätigung meines Verdachtes in einer uralten, stark verschimmelten und von den Tempelmäusen schrecklich geschändeten Schrift-Rolle, die er in einem bisher unentdeckt gebliebenen geheimen Fach einer Lade von schwarzem Eichenholze gefunden hatte, und die sich nach vorsichtiger Reinigung noch deutlich lesbar zeigte.

Die Schrift lautet:

אָז יָשִׁיר קָטְשְׁקָה הַפּוּזִלִיר בַּמַּחֲנֶה בְּיוֹם נָשֶׁק

מַה־זֶּה־שָּׁם בֵּין הַסְּבָכִים רֹמֵשׂ וּלְאַט יִנָּתֵר׃
הֲלֹא זֶה נַפּוּלְיוֹם בְּשׁוֹפָמוֹ וְהֶגְרִי־קַתֵּר׃
מַה־לּוֹ שָׁם לְנַתֵּר אֶשְׁאָלֵהוּ׃
קוּמוּ חֲבֵרַי מַהֵר נְגָרְשֵׁהוּ׃

וְגַם־שָׁם הֲלֹא תִרְאוּ הִתְיַצְּבוּ זַמְזַמִּים
עַל־פְּנֵי הַשָּׂדֶה בְּמִכְנְסֵיהֶם אֲדֻמִּים׃
עַל־מַה־זֶּה עוֹמְדִים שָׁם מוּכָנִים׃
חִזְקוּ וְאִמְצוּ וְנִתְרָאֶה פָנִים׃

בְּאֵשׁ־פְּלָדוֹת הָרֶכֶב וּבְמִטְרַלְיוֹתַיִם
מַרְעִישִׁים עַד־כִּי תְצִלֶּינָה הָאָזְנַיִם׃
עַל־מַה־כָּכָה יַרְעִישׁוּ בִמְהוּמָה׃
קוּמוּ וְנַפִּילֵם עַד־בְּלִי תְקוּמָה׃

נַפּוּלְיוֹם נַפִּילֵם נָפֹל נָפָלְתָּ׃
בּוֹר כָּרִיתָ | לְךָ חֲפַרְתּוֹ בַּאֲשֶׁר עוֹלַלְתָּ׃
חֶרֶב לַאֲלֹנֵי וּלְוֶלְהֶלֶם | וְהַשְּׁמַרְיָא
תְּתוּם עִם־הַכִּפָּא וְהַקְּפַרְיָא׃

וְגַם גֹּדֶל־פֶּה הַתַּרְנְגוֹלִיִּים לְפַצֵּחַ
לְרִנָּה וְצָהֳלָה יִכְלֶה וְיֹאבַד לָנֶצַח׃
קוּמוּ פַּרִיזָה וְשָׁם נְשַׁלֵּם כָּאֱמֻנָה׃
שָׂכָר לִפְעֻלָּתָהּ לְהַגְּרַנְדֶע נַצִּיָּנָה׃

וְהָיָה שָׁלוֹם בָּאָרֶץ׃

Für Leser, welche der hebräischen Sprache und Schrift unkundig sind, gebe ich das Stück nochmals in lateinischen Lettern mit darunter gesetzter wörtlicher Uebertragung:

As jāschir Kutschke haphisilir
So sang Kutschke, der Füsilir
bammachaneh bejōm nāschek
im Lager am Tage der Schlacht:

Mah seh schām bēn hass'bachim romēs ul'at jenatter?
Was ist's dort (was) zwischen den Gebüschen kraucht u. leise hüpft?
Haloh seh Napolium bis'phamo wehenri katter?
Ist's nicht Napolium mit seinem Schnurrbart u. Henriquatre?
Mah loh schām lenatter? esch'alehu.
Was hat er dort zu krauchen? möcht' ich ihn fragen.
Kumu, chaberaj, mahēr negar'schehu!
Auf, Kameraden! flugs wollen wir ihn jagen!

Wegam schām, halo tir'u, hitjaz'bu samsummim[1]
Und auch dort, seht ihr wohl, haben sich aufgestellt schlimme Gesellen
Al penē hassade bemichnesehem adummim.
Auf offnem Feld in ihren Hosen roth.

[1] Gesenius (Handwörterb.) nimmt an, daß dieses auch Mos. V, 2, 20 vorkommende Wort das nomen proprium eines Riesenvolkes sei. Mendelssohn übersetzt an der betreffenden Stelle „schlimme Leute", und Philippson „übermüthige Leute", Onkelos (in seiner chaldäischen Version) paraphrasirt es חוּשְׁבָּנֵי, d. h. „Berechnende, Projektenmacher, Bänkeschmiede."

Al mah seh ōmdim schām muchanim?
Wozu doch steh'n sie dort bereit?
Chisku we'imzu, wenitra'e phanim!
Muthig und tapfer! wir wollen sie besehen Angesichts!

Be'ēsch peladōt harecheb ubemitraljotajim [1]
Mit Feuer sprühenden Wagen und Mitrailleusen
Mar'ischim ad ki tezilenah haasnajim.
Stürmen sie, bis daß uns gellen die Ohren.
Al mah kachah jar'ischu bim'humah?
Wozu doch also stürmen sie mit Getümmel?
Kumu! wenappilem ad beli tekumah!
Auf! wir werfen sie bis sie nimmer aufkommen!

Napolium, Napolium, naphōl naphalta!
Napolium, Napolium, sehr bist du gefallen;
Bōr karita, lecha chapharto, baascher olalta!
Die Grube, die du gegraben, für dich hast du sie geöffnet in dem, was du gethan.
Chereb l'adonaj ulewilhelm! wehaschmiraja [2]
Schwert für Gott und Wilhelm! Und die ganze Schmiere
Tittom im hakkisseh wehakkisserajah. [3]
Fällt zusammen mit dem Thron und der Kaiserei.

Wegam godel peh hattarnegolijim [4], lephezach,
Und auch das Großmaul der Gallier, zur Freude,
Lerinnah wezahala [5] jichle wejobad lanezach
Zum Jubel und zur Wonne wird es enden und untergehn für ewig.

---

[1] Mitrailleusen. Das Wort stammt vielleicht von מַטָּרָה, Ziel, Schußziel, oder Ende (Napoleon's „le vrai feu", das allem Widerstand ein Ende machen sollte).

[2] u. [3] Chaldäische Bildungen.

[4] Offenbar „Gallier." תַּרְנְגוֹל der Hahn, gallus. Daher תַּרְנְגוֹלִים, die Hahnerer, Gallier.

[5] Ueber den ersten beiden Worten sind als Variante notirt die im Wesentlichen gleichbedeutenden: לְגִילָה וְרִנָּה (legilah werinnah),

Kumu Parisah! weschām neschalem neemanah
Auf, nach-Paris! Und da bezahlen wir getreulich
Sachar liph'ullatha lehaggrand' nazianah!
Den Lohn für ihr Thun der grande nation!

Wehajah schalom baarez
Und es wird Friede sein auf Erden.

Nach Inhalt und Sprache dieses merkwürdigen Schriftstücks vermuthete Herr Dr. Jakobson anfänglich, daß wir eine vor den Verfolgungen Napoleon's I. in so tiefe Verborgenheit gerettete Weissagung des Propheten Daniel vor uns haben, der ja auch sonst Stellen genug voll napoleonischer Prophezeihung enthält. Bei näherer Prüfung wurden wir aber durch die „rothen Hosen" auf Nahum geführt. Man vergleiche die Stelle Nah. 2, 4: „Sein Heeresvolk siehet wie Purpur", und die Anfangsworte des ersten Verses in der dritten Strophe unseres hebräischen Kutschketextes, die in dem eben erwähnten Verse des Nahum wörtlich wiederholt sind. Von des dritten Napoleon charakteristischem Henriquatre konnte nur ein Prophet reden. Der Verfasser der lateinischen Vulgata, der kein Prophet war und lange vor Heinrich IV. lebte, verstand natürlich die betreffenden Worte nicht, und ließ sie daher klüglicherweise in der Uebersetzung weg.

Welche staunenswerthe Enthüllung hat uns ein guter Genius bereitet in dieser bedeutsamen Zeit! Aber die Wissenschaft hat nicht zu staunen, sondern zu forschen, und ich würde mich nicht mehr wundern, wenn man noch ältere Texte des Kutschkeliedes „in Keilschrift auf sechs Ziegelstein" oder in Hieroglyphen entdeckte. In deutscher Keil-Schrift liest schon jetzt Kutschke selber den Franzosen den Text; sie wollen ihn aber noch immer nicht recht verstehen.

„In Keilschrift auf sechs Ziegelstein“ und „in Hieroglyphen“ — das war so leichtsinnig hingeschrieben in einer Anwandelung fröhlicher Erinnerung an die Zeit, wo noch süßer Friede war, und unsere lustigen Studenten, die jetzt dem Erbfeinde mit den Waffen in der Faust gegenüberstehen, mit Scheffel's Lied „Im schwarzen Wallfisch zu Askalon“ die stille Nacht zu wecken pflegten. Aber bin ich denn etwa selber ein Prophet geworden? Braucht der gute Genius, der uns schon so werthvolle urkundliche Aufschlüsse über die Herkunft des Kutschkeliedes gebracht hat, nur angerufen zu werden, um alsbald den Schleier der Vergangenheit noch weiter zu lüften?

Mein vielgereister Freund Kirchhoff hatte auf dem Rückwege von Persien der Eröffnung des Suezkanals im Jahre 1869 als Gast des Khedive beigewohnt, und seinen Aufenthalt in Aegypten zu einer Durchforschung der dortigen Baudenkmäler benutzt. Durch die Gunst des Zufalls, oder vielmehr des Genius, hielt derselbe im October 1870, gerade als mich die Untersuchung des Kutschkeliedes in paläographischer Beziehung lebhaft beschäftigte, im literarischen Vereine meines Wohnortes einen Vortrag über die interessanten Erlebnisse seiner Reise unter Mittheilung zahlreicher Photographieen und eigener Skizzen. Bei Durchsicht derselben fesselte meine Aufmerksamkeit zunächst die Photographie des Bruchstücks einer mit goldener Keilschrift bedeckten schwarzen Marmortafel, die auf dem Trümmerfeld von Persepolis in der Thalebene Merdascht eben ausgegraben war, als mein Freund dort anlangte. Die Entzifferung der Schrift ergab die ersten beiden Zeilen des hebräischen Kutschketextes, den ich auf der umstehenden Abbildung mit lateinischen Lettern übergeschrieben habe. Die Schrift ist persepolitanisch; die einzelnen Buchstaben sind durch Punkte, die Wörter durch schrägliegende Keile getrennt. Ich entsinne mich, eine ganz ähnliche Marmortafel mit babylonischer Keilschrift und mit einem gleichfalls durch ein Königsschild ausgezeichneten Namen im Britischen Museum

m ă h s e h sch ā m be ĭ n

h ă s b a ch ī m r o m e s

u l' ă t gj' n a tt e r

h a l o s e h N a p o l ĭ ū m

b i s' f ā mo w' h e n r ī

k ă tt e r

gesehen zu haben, und hoffe, daß die Vergleichung beider Tafeln den bisher noch immer vergebens gesuchten Schlüssel zur Entzifferung der babylonischen Keilschrift einem zweiten Champollion darbieten werde. Ich für mein Theil begnüge mich gern mit dem bescheidenen Ruhme, hiezu die erste Anregung gegeben zu haben.

Noch lebhafteres Interesse als die Photographie der Marmortafel erweckte das Kirchhoff'sche Skizzenbuch durch die Zeichnung eines Gebälk- und Säulenfragmentes von den großartigen ägyptischen Tempelresten zu Karnak, da dieselbe außer dem schönen Bildwerk auch die noch deutlich erkennbaren Rudimente einer Hieroglypheninschrift wiedergab. Wie aber mußten wir überrascht werden, als bei dem genaueren Studium dieser, durch die unvergleichlichen Arbeiten Champollion's deutungsfähig gewordenen, altägyptischen Bilderschrift sich die interessantesten Beziehungen auf unser heutiges Kutschkelied herausstellten! Wie Schuppen fiel es mir und meinen Freunden von den Augen, als die allmälige Entzifferung der Hieroglyphen, wie dieselben auf der beiliegenden lithographirten Tafel mit gewissenhafter Treue nach der Kirchhoff'schen Skizze wiedergegeben sind, den unumstößlichen Beweis lieferte: daß das Kutschkelied schon zur Zeit der Könige Sethos und Ramses existirte, um ein gutes Jahrtausend vor der muthmaßlichen Entstehung des hebräischen Textes! Doch der schriftkundige Leser mag selbst urtheilen und an der Hand Champollion's, des Vicomte de Rougé, unserer Lepsius, Brugsch u. a. m. diejenigen Räthsel lösen helfen, die von der ägyptischen Abtheilung unseres literarischen Vereins noch nicht völlig haben aufgeklärt werden können.[1] Einen von dem Vorsitzenden dieser

[1] Namentlich auch die hieroglyphische Inschrift in der Hohlkehle des Kranzgesimses. Dem forschbegierigen Leser will ich nicht vorenthalten, daß er leicht zugängliches Material findet in dem Roman von Ebers „Die ägyptische Königstochter" (Stuttgart 1869, zweite Auflage, I., 239 fg.) und in der Broschüre von Brugsch „Ueber Bildung und Entwickelung der Schrift" (Berlin 1868). Doch prüfe sich

Abtheilung, Herrn Reichert, erstatteten Bericht lasse ich hier auszugsweise abdrucken:

„...... So wird es wohl keinem begründeten Zweifel unterliegen können, daß die auf dem Gebälkfries in Basrelief eingeschnittene Scene eine durchaus zutreffende bildliche Darstellung der ersten Strophe des Kutschkeliedes ist. Denn jener ägyptische behelmte Krieger, der in vorgebeugter unvergleichlicher Vorpostenstellung den forschenden Blick, über Palmengebüsch fort, nach dem geflügelten und gekrönten, in kriechender Bewegung dargestellten Manne richtet, ist er nicht in jedem Muskel das Prototyp des Füsiliers Kutschke? Ist die eigenthümliche Waffe desselben mit kolbenartigem Fuß und knopfähnlichem Ansatz nicht ein merkwürdiger Hinweis auf das Zündnadelgewehr der Deutschen? Und erlaubt die dahinkriechende Königs- oder Kaiserfigur nicht die Annahme, daß dieselbe eine halb allegorische Darstellung Napoleon's III. sei? Die auf den ersten Blick auffallende, in der ägyptischen Ornamentik indeß oft wiederkehrende Darstellung von geflügelten Personen und Gegenständen erklärt sich im vorliegenden Falle um so leichter, wenn man die bogenartigen Linien hinter dem Flügel als den Schweif, und die zackige Krone als den Kamm eines Hahnes deutet — eine Erklärung, die uns ohne Zwang dahin führt, in dem Bilde die symbolische Verschmelzung des gallischen Hahnes mit der Figur des Kaisers zu erkennen. Auch die spornartigen Ansätze an den Füßen finden nur bei der Annahme einer sinnbildlichen Darstellung eines Hahnes ihre genügende Erklärung, da die Völker des Orients die Sporen als Zubehör des Reitzeuges bekanntlich nicht benutzt haben. Sei es nun ferner ein merkwürdiger Zufall, oder eine divinatorische Meißelführung des

Jeder, der es wagen möchte, den Isisschleier zu heben, ob er stark genug sei, schreckliche Geheimnisse zu schauen. Wie schreibt der weise Kadi Imam Ali Zade sogar an Henry Layard? — „O meine Seele! o mein Lamm! forsche nicht nach Dingen, die dich nichts angehen!" (Layard: Niniveh und Babylon, S. 505 der Zenker'schen Uebersetzung.

Bildhauers: selbst die Gesichtszüge des kriechenden Mannes scheinen, abgesehen von einem gewissen ägyptischen Nationalzuge, eine charakteristische Aehnlichkeit mit dem Profil Napoleon's zu haben, so daß, wenn nicht die Identität dieser Figur mit dem „Napolium" des Kutschkeliedes, so doch in derselben eine prophetische Symbolisirung des Erbfeindes der Deutschen unverkennbar und als erwiesen anzunehmen ist.

„Und nun die Handlung und die andern Sinnbilder! Die aus den Händen des Kaisers gleitende Schlange, ist sie nicht ein Symbol des Krieges? Die in gemessener Ruhe dasitzenden drei Adler, sind sie nicht die Repräsentanten der drei Armeen, die das geeinigte Deutschland in das Feld gestellt hat? Selbst die geflügelte Sonnenscheibe würde die Annahme rechtfertigen, daß der Krieg in den Sommermonaten entbrennt, wenn dieselbe nicht in dem Sonnenkultus der Aegypter schon an sich eine genügende Erklärung fände als «Ra, der Herr der Welten, der in der Sonnenscheibe thront» nach einer Inschrift in Theben. Ueber die beiden Kriegerfiguren, welche ihrem Kameraden zu Hülfe eilen und, ihren Gesten nach, Verstärkung herbeirufen, wird kein Zweifel obwalten können, sowie auch in den zwischen ihren Füßen befindlichen altägyptischen Krügen das Vorbild der Feldflaschen, als unentbehrlicher Begleiter jedes Soldaten, unschwer zu erkennen ist. Schwieriger ist das eigenthümliche Gefährt hinter der Kaiserfigur zu deuten, da die sich leicht aufdrängende Erklärung durch ein Geschütz oder eine Mitrailleuse (die «Mamsell» des deutschen Kutschketextes) durch die notorische Unbekanntschaft der alten Aegypter mit Feuerwaffen einigermaßen unhaltbar wird. Andererseits wird nicht geleugnet werden können, daß unsere Wissenschaft von dem Kulturzustande und der Kriegskunst der Urvölker der Erde noch große Lücken hat, und vielleicht gerade durch das vorliegende Tempelfragment der erste Beweis geführt wird, daß die alten Aegypter den Gebrauch des Schießpulvers (man denke nur an die Chinesen) und der Feuerwaffen gekannt haben.

„Auch der Bilderschmuck der beiden Säulen enthält die deutlichsten Beziehungen auf den im Gebälkfries dargestellten kriegerischen Vorgang, und jede Säule illustrirt die specielle Heldengeschichte eines der beiden Kämpfer. Lesen wir nämlich die hieroglyphischen Inscriptionen auf den Schildflächen der Kapitäle nach Champollion's unzweifelhaft richtiger Deutung der betreffenden Zeichen, so finden wir auf der Säule zur Linken den Namen Napoliom, auf der zur Rechten den Namen Kotschke, und werden somit auch in der Figur mit dem Krokodilkopfe auf dem würfelförmigen Abakus der Napoleonsäule wiederum die Darstellung des raubgierigen Franzosenkaisers, und in dem nackten Harfenspieler der Kutschkesäule die Verherrlichung des Kutschke als Sänger oder Rhapsode zu erkennen haben. Freilich könnte ein Kenner der ägyptischen Mythologie in der Krokodilfigur auch den Gott Sebek, den Kronos der Aegypter, erblicken, weil dieser auf noch erhaltenen Münzen der Stadt Arsinoë und auf altägyptischen Denkmälern als sitzender Gott mit einem Krokodilkopfe, in der rechten Hand ein Krokodil haltend, abgebildet erscheint. Wie unerklärlich bleibt dann aber die am oberen Ende des Säulenschaftes dicht unter dem Kapitäl dargestellte Wiederholung derselben Figur in veränderter Kopf- und Armstellung, welche mit den gefesselten Füßen und in ihrer Gesammthaltung eine so verzweifelte Aehnlichkeit mit dem Gefangenen auf Wilhelmshöhe zeigt? Ebenso kontrovers könnte die Auslegung der beiden Figuren auf den Seitenfeldern des Kapitäls sein. Die weibliche, deren schöne Formen und chignonartige Haartracht bemerkenswerth sind, hat die Handpauke und auf dem Haupte die Kuhhörner mit der Sonnenscheibe, das Thiersymbol der Hathor, «der Herrin des Tanzes und Scherzes», der ägyptischen Liebesgöttin. Wir wissen aber, daß Königinnen und Prinzessinnen sich gern, der Liebenswürdigkeit wegen, in Gestalt der Hathor abbilden ließen, und dürfen also annehmen, daß wir hier die Gemahlin des krokodilköpfigen Mannes vor uns haben. Die andere, männliche Figur mit dem Ibiskopfe gestattet eine Deutung auf den Gott Tauti oder Thot, dem außer dem Ibis auch der hundsköpfige Affe, κυνοκέφαλος, heilig war, und in welchem die Griechen ihren Hermes, den Götterboten, sahen. Er heißt bei den Aegyptern auch «Schreiber der Wahrheit». Sehr möglich, daß in dieser Figur auf unserer Säule, mit feiner, bei den ernsten Aegyptern sonst ungewöhnlicher Ironie ein kaiserlicher Gesandter oder Minister hat dargestellt werden sollen.

„Erwägt man unbefangen die bisher angeführten Momente, und die geschichtliche Thatsache, daß Napoleon I. sowohl wie Eugenie in Aegypten gewesen sind, so wird man zugeben müssen, daß die beschriebene Säule eine intuitive Schilderung der napoleonischen Lebensverhältnisse enthält.

„Aehnlich steht es mit der zweiten Säule. Es ist bekannt, daß die dogmatische Literatur der Pythagoräer sich an die fabelhafte Person des thrakischen Orpheus anlehnt, und daß in den orphischen Gesängen die Gottheiten verherrlicht wurden, welche die Griechen der ältesten Zeit durch die Phönizier aus dem ägyptischen Götterkultus überkommen hatten. Hier, in der klassischen Darstellung des Sängerjünglings, ist nun der authentische Beweis gegeben, daß das Urbild des Orpheus unser Kutschke ist, oder, vielleicht richtiger ausgedrückt, daß Orpheus und Kutschke nur Eine Person sind. Auch die alte Sage, daß der liederkundige Sänger mit dem Klange seiner Harfe die wilden Thiere bändigte, wird in der Bilderschrift durch die lauschenden Vögel angedeutet. Das Kreuz in der Ecke ist wahrscheinlich dekoratives Symbol einer Gottheit, oder eine symbolische Dekoration überhaupt. Man würde indeß wohl zu weit gehen, wollte man in demselben einen Hinweis auf das Eiserne Kreuz erblicken, zumal da der Sänger bei seiner dürftigen Bekleidung um eine passende Stelle zur Befestigung desselben in Verlegenheit gerathen möchte. Die menschlichen Figuren auf den Seitenflächen des Kapitäls erklären sich leicht aus der Orpheussage. Die eine ist Eurydice, die Genossin des Kutschke-

Orpheus, welche in dem älteren Götterkreis der Aegypter mit der Göttin Anuke identisch zu sein scheint, während wir sie mit Rücksicht auf die Person des heutigen Kutschke als deutsche Hausfrau unter dem Namen Karoline oder Friederike zu denken haben. Die zweite Figur stellt wiederum den Sänger und Helden in seiner häuslichen oder ländlichen Beschäftigung mit dem Pfluge in der Hand das Feld bestellend, als Schützling der Demeter oder Anuke dar. Auch hier sind durch das Bild Aufklärungen über die ersten Anfänge des Demeterdienstes, welcher in dem Haloenfest und den Proerosien, unseren heutigen Erntefesten, gipfelte und mit der Orpheussage in engem Zusammenhange steht, deutlich gegeben, sowie wir für unsere moderne Anschauung die Erkenntniß gewinnen, daß Kutschke in seinem Civilverhältniß dem Stande der Landleute angehört.

„Was schließlich die Hieroglyphen auf beiden Säulen außer den Namensschilden betrifft, so sind dieselben zwar zu entziffern; sie reden indeß eine dem Alt-Koptischen scheinbar verwandte, bisher aber der gelehrten Welt noch ganz unverständliche Sprache. Um so mehr muß die Wissenschaft bedauern, daß uns die übrigen Theile des Tempelgebälks und der Säulen nicht erhalten worden sind, da dieselben aller Wahrscheinlichkeit nach die Fortsetzung des Kutschkeliedes in Hieroglyphenschrift enthalten haben, deren Lesung durch Zuhülfenahme gleichartiger, in indischen Tempeln sicherlich vorhandener Sanskrittexte hätte bewerkstelligt werden können.

„Die besprochenen Fragmente des Tempels zu Karnak sind, nach der Angabe meines Freundes Kirchhoff, überhaupt nur durch den glücklichen Zufall konservirt worden, daß die mächtigen Steinblöcke und Säulentrümmer mit den inneren Flächen, welche die Bildzeichen enthalten, im Wüstensande vergraben lagen, während die andern, nach oben gekehrten Flächen Jahrtausende lang den Einflüssen der Witterung und der Zerstörungswuth ausgesetzt waren und keine Spur von Bildern und Inschriften mehr erkennen ließen.

„Wir dürfen also kaum hoffen, die Forschung nach dem Ursprunge des Kutschkeliedes zu einem völlig befriedigenden Abschlusse zu bringen, und müssen uns für jetzt begnügen, es in der ganzen civilisirten Welt zu verbreiten, wodurch vielleicht noch weitere Quellen eröffnet werden."

Reichert.

Soweit der Bericht unserer ägyptischen Abtheilung. Ich bin inzwischen bemüht gewesen, Uebersetzungen des Kutschkeliedes in neuere Sprachen zu sammeln und gebe diese Sammlung am Schlusse.

Herrn Reichert's Hoffnung, daß sich für die Forschung nach dem Ursprunge des Kutschkeliedes noch andere Quellen, als die bisher aufgefundenen, eröffnen möchten, ist über Erwarten schnell in Erfüllung gegangen. Denn während er auf dem Kirchhoff'schen Tempelfragmente neben lehrreichen bildlichen Darstellungen nur die Namen des Kriegers und Landmanns Kutschke und eines großen Napolium nachzuweisen vermag, glaube ich in einem hieratischen Papyros aus der Glanzepoche des neuen Reichs (14. Jahrh. v. Chr.), den Herr Professor Ebers in Leipzig mir zu übersenden die Güte hatte, das Kutschkelied in seiner allerfrühesten Fassung erlangt zu haben. Ich lege hiermit ohne Säumen den durchaus unbeschädigten Text mit Umschrift und Uebersetzung dem Publicum vor, indem ich schon hier auf die in der hieroglyphischen Literatur sonst unerhörten Reime hinweise, die ein bestätigendes Analogon bilden zu den gleichfalls in ihrer Art einzig dastehenden oben mitgetheilten hebräischen Reimen des Propheten Nahum. Noch mache ich auf einen Schreibfehler des Hierogrammaten aufmerksam, der „Napoleon" schrieb statt des sonst mehrfach beglaubigten „Napolium" oder „Napoliom", wie der Name auf der Tempelsäule von Karnak lautet. Derartige Schreibfehler sind durchaus nicht ungewöhnlich, und kommen beispielsweise auch in dem berühmten Turiner Papyros vor, welcher das Todtenbuch der Aegypter enthält (Lepsius, Todtenbuch S. 19).

em-entuk̤ nā nimā ter
Du, wer bist du denn

χri na baāu ạ pa rer
unter den Büschen o Herumkriecher.

äst un pu paī-a son
Sieh' es ist dieses o mein Bruder

sa ran-f Napoleon.
Jemand Namens Napoleon.

Das heißt in unsere Schrift umgeschrieben:

Em-entuk nā nimā ter
χri na baāu ạ pa rer,
äst un pu paī-a son
sa ran-f Napoleon.

Deutsch: Du, wer bist du denn, du Herumkriecher unter den Büschen?
Es ist das gewiß, mein Bruder, der sogenannte Napoleon. —

Ich wende mich nun zu den eben eingegangenen Briefen, die vielleicht noch Material zur Vervollständigung meiner Sammlung von Uebersetzungen enthalten, oder, wenn der Genius heute gut gelaunt war, weitere Auskunft von einem oder dem andern der vielen Gelehrten, die ich um weitere Nachforschungen nach alten Texten des Kutschkeliedes bereits vor längerer Zeit gebeten habe.

Einige dieser Briefe tragen vielversprechende Poststempel. Oeffnen wir einen nach dem andern mit der kühlen Ruhe, welche dem nüchternen Forscher ziemt.

O glücklicher Tag! Aus Leipzig erhalte ich von Herrn Professor Hermann Brockhaus die nachfolgende Sanskritstrophe, die den wesentlichen Inhalt des Kutschkeliedes zusammenfaßt:

को नु परिसर्पतीह वने घोरे भयंकरे ।
नप्लान् महाराजो ऽस्तीति महद्भयमुपस्थितं ॥
नूनं तत्र सर्पत्येष विनाशं नो विचिन्तयन् ।
तदागच्छत सहायास्तं हन्म आततायिनं ॥

ko nu parisarpatîha vane ghore bhayaṅkare |
Naplân mahârâjo 'stîti mahad bhayam upasthitam ||
nûnaṃ tatra sarpaty esha vinâçaṃ no vićintayan |
tad âgaććhata sahâyâs taṃ hanma âtatâyinam ||

Wer kriecht hier umher in dem schrecklichen grauenvollen Walde?
Es ist der Kaiser Naplân, und dadurch ist große Gefahr uns genaht.
Sicher kriecht er dort umher, auf unser Verderben sinnend;
Darum kommt herbei, o Freunde! ihn den Schurken wollen wir tödten.

Ich habe es mir in dieser Abhandlung zum Gesetze gemacht, meine Quellen auf das Genaueste zu bezeichnen, weil ich dem Publikum gegenüber die Nothwendigkeit fühle, über die Richtigkeit meiner Angaben, wo irgend möglich, Zeugenbeweis anzutreten. Deshalb bedaure ich, daß Herr Professor Brockhaus, der die vorstehende Strophe aus Calcutta von einem Mitgliede der Asiatic Society of Bengal aus deren reichem Schatze noch unedirter Sanskritschriften mitgetheilt erhalten hat, zur Zeit nicht ermächtigt ist, dieses Mitglied zu nennen, indem dasselbe seinen Namen erst gleichzeitig mit dem des Dichters veröffentlicht zu sehen wünscht, über den noch Ermittelungen angestellt werden. Mögen diese Ermittelungen günstigen Erfolg haben! Ich meines Theils bin kühn genug, die Strophe schon jetzt dem alten Dichter vedischer Hymnen „Kutsa" zuzuschreiben, dessen Name mit „Kutschke" identisch zu sein scheint.

In einem zweiten Briefe erhalte ich einen mit arabischen Versen beschriebenen Pergamentstreifen zurück, den ich kürzlich bei einem Besuche der französischen Kriegsgefangenen auf dem Hornwerke der Festung Graudenz von einem Turko erstand. Ben-Mohammed hatte denselben, als ein in frühern Kämpfen seines Stammes gegen die Franzosen vielfach bewährtes Amulet, in der Schlacht bei Wörth auf der Brust getragen, war aber trotzdem erheblich verwundet worden, glaubte nicht mehr an die Zauberkraft seines Talismans, und entschloß sich leicht, ihn mir abzutreten. Da ich die sehr flüchtigen Schriftzüge nicht zu entziffern vermochte, wandte ich mich an den namhaften Orientalisten, Herrn Professor Fleischer in Leipzig, und seiner freundlichen Bereitwilligkeit verdanke ich die nachfolgende korrekte Abschrift des vulgärarabischen Textes mit angehängter Umschrift und deutscher Uebersetzung:

هجو عامى ملحون

فى الدغله ما ترى يكون
اخمّن هو نابوليون
ما باله يذُب هنا
كُشّوه يا فتيانِنا

جماعه حُمْر الالبسه
وسط الخلا منتصبه
ما بال هذوليك واقفين
خلّونا ننظر مسرعين

هم يبرقوا ويرعدوا
وبالمدافع يضربوا
ما بال هذيك القرقعه
اغشوهم مثل الزوبعه

نابوليون نابوليون
ارى جنودك يدبرون
بعون اللهِ نقصدك
من السرير نكبكبك

يا ايها الفرنساويون
رويدكم تفتخرون
باريزكم لنا تكون
غدا جزاكم تاخذون

Fid-dag̊le mâ terâ jekûn?
Was ist denn nur in dem Busche?
Eḫammin hû Nâbûliûn.
Ich glaube, es ist Nabuliun.
Mâ bâlu-hû jedubb henâ?
Wozu kriecht er hier herum?
Kuśśû-hu, jâ fitjânenâ!
Scheucht ihn fort, brave Burschen!

Ǵemâ'a ḫomr el-elbise
Eine Menge Rothhosen
Wasṭ el-chalâ muntaṣibe.
Hält da mitten auf dem Felde.
Mâ bâl hâd̲ôlik wâḳifîn?
Wozu stehen die dort?
Ḫallû-nâ nenẓor musri'în!
Laßt uns schnell hinsehen!

Hum jebroḳû we-jer'adû
Sie blitzen und donnern
We-bi'l-medâfe' jaḍribû.
Und schießen mit Kanonen.
Mâ bâl hâd̲îk el-ḳarḳa'a?
Wozu dieser Spektakel?
Oǵśû-hum mit̲l ez-zôbá'a!
Kommt über sie wie der Sturmwind!

Nâbûliûn, Nâbûliûn,
Nabuliun, Nabuliun,
Arâ ǵunûd-ak judbirûn!
Ich sehe, deine Soldaten gehen rückwärts!
Bi-'aun Allâhi naḳṣod-ak,
Mit Gottes Hülfe marschiren wir auf dich los
Min es-serîr nukebkib-ak.
Und stürzen dich kopfüber vom Throne herunter.

Jâ éjuha 'l-Fransâwiûn,
Heda, ihr Franzosen,
Ruwéda-kum teſtahirûn!
Gemach, gemach mit eurem Prahlen!
Bârîzu-kum lanâ tekûn,
Euer Paris wird unſer,
Ġadâ ġezâ-kum tâhodûn.
Morgen bekommt ihr euern Lohn.

Aus Reikiavik auf Island ſchickt mir der Dr. Zſcheck das Kutskslioð eines Skalden aus der Zeit der Edda. Er fand es, in Runen geritzt, auf einem uralten Trinkhorn, aus welchem die Männer von Reikiavik beim Volks-Thing ihren feierlichen Umtrunk halten. Da die Runen wenigen verſtändlich ſind, ſo laſſe ich das Lied hier in gewöhnlicher nordiſcher Schrift abdrucken und füge eine wörtliche deutſche Ueberſetzung bei.

Hverr er sâ karl karla,	Wer iſt der Kerl der Kerle,
er krŷpr î viði?	der kriecht im Buſche?
Napolium hann heitir,	Napolium er heißt,
sâ halr und öskum.	der Mann unter den Eſchen.
Hvat þar hann krŷpr,	Was da er kriecht,
hvat þar um dylsk?	was da er ſich birgt?
Ût, vinir, or skôgi	Heraus, Freunde, aus dem Walde
þann varg nû eltið!	den Wolf nun jaget!

Sê ek drôtt standa	Seh' ich ein Volk ſteh'n,
dôlgra î velli,	Feinde im Felde,
Börva î brautum,	Kampfbäume auf den Straßen,
rauðbrôka karla.	rothhoſige Kerle.

Hvat þar um hafa,	Was da sie haben,
hvat þar um standa?	was da sie steh'n?
Upp, kappar, nû drîfið	Auf, Kämpen, nun eilet,
at kanna rauðbroekr!	zu untersuchen die rothen Hosen!
Heyri ek kánonar dynja,	Hör' ich Kanonen dröhnen,
kuglum slöngva,	mit Kugeln schießen,
Mitrallar ymja,	Mitrailleusen tönen,
svâ at eyru gialla.	daß die Ohren gellen.
Hvat þar um dynja?	Was da sie dröhnen?
hvat þar um ymja?	was da sie tönen?
Briotið nû, skatar,	Brechet nun, Helden,
bölkvernar î sundr!	die Unheils-Mühlen entzwei!
Napolium î runni,	Napolium im Busche,
nû er rîki farit,	nun ist das Reich dahingefahren,
Lioma liðinn,	Der Glanz geschwunden,
laun nû kemr!	der Lohn nun kommt!
Skatar, um skiotið,	Helden, nun schießet!
skiöldr er Goð!	Schild ist Gott!
Keisr, or landi	Kaiser, aus dem Lande
er við klaeki þer stökt.	mit Schmach bist du vertrieben!
Nû mikilmunni,	Nun die Großmaulschaft,
metnaðr Frakkna,	der Hochmuth der Franken,
Er um aldrdaga	Ist auf immer
eggjum lokinn.	mit den Schwertern beendigt!
Î Paris nû förum	Nach Paris nun fahren wir,
Frakka at temja.	die Franken zu zähmen.
Nû skal giöld geta	Nun soll den Lohn bekommen
sû grrande nation.	die grrande nation!

Aus Strasburg schickt mir Herr F. Diehl die nachfolgende altfranzösische Version des Liedes, die er unter halb verbrannten Bücherresten der Strasburger Bibliothek ganz kürzlich zu finden das Glück gehabt hat:

Qu'oi jo grocier la el buissun?
jo crei, ceo est Napoliun.
qu'ad cil ileques a grocier?
alum, cumpaignun, l'en chacier!

En plaine campaigne vei jo
rengiez braies roges, haro!
pur quei sunt rengiet la en ost?
alum les esgarder mult tost!

Avoec lur canuns et mamselles
funt bruit, qu'en sunent les orelles.
qu'ant la a faire et a suner?
alum les batre et jus tumber!

Napoliun, Napoliun!
ta cose mesvait a raisun.
avoec deu en avant! desfait
seit l'emperere od sun aguait!

Et que la grant franceise boche
d'ore en avant a sa fin toche!
alum a Paris! le werdun
dunum a la grrrant nasciun!

Aus Rostock endlich erhalte ich durch Herrn Professor Karl Bartsch aus seiner Sammlung provençalischer und mittelhochdeutscher Lieder zwei köstliche Perlen mittelalterlicher Poesie: „Lo chans de Cucheco“ in der süßen Sprache der provençalischen Troubadours, und „Daz liet von Kutscheken“ in den herrlichen Tönen Walter's von der Vogelweide.

Lo chans de Cucheco.

Que vei reptan el bosc lai jos?
so es, par mi, Napolios.
qu'a lai a far et a reptar?
en cassatz lo, companho car!

Ancara mais vei el camp pla
rengadas bragas rojas la.
qu'an lai las bragas a estar?
lai sus! anem las esgardar!

Las piuceletas els canos
aug sonar ab terribles sos.
qu'an lai los canos a sonar?
sus, companhos, faitz los tombar!

Napolios, Napolios,
tos afars va totz temps mais jos.
si deus nos salve, el sol pla
tota t'emperaria ca.

E la sobreira dels Frances
va cazen per tostemps ades.
sus a Paris! el gazardo
donem a la gran nacio.

Daz ist daz liet von Kutscheken.

Wer ist der ime bosche krouch?
deist wæn Napolîum der gouch.
wes gât er dorṭ ein kriechen an?
wol ûf, gesellen, jaget in dan!

Ouch sihe ich an des veldes ort
vil rôter hosen stânde dort.
waz ist in dâ ze sṭân geschehen?
wol ûf, die müezen wir besehen.

Die bühsen und diu viurîn maget
die schellent, deiz manc ôre klaget.
.ât schellen hin, lât schellen wider:
wol dan, gesellen, slaht si nider!

Napolîum, Napolîum,
dîn dinc ist komen an ein drum.
wol dan mit gote! sô wirt vrî
diu werlt von dîner keiserî.

Der Franzeis gelpf und üppekeit
wirt ie und iemer hin geleit.
wol hin nu gein Parîs! den lôn
dâ geben wir der grrant nazjôn.

An dem Alter dieser beiden Lieder zu zweifeln, halte ich geradezu für unmöglich. Denn welchem Dichter und Sprachforscher der Gegenwart dürfte man wohl die Urheberschaft so vorzüglicher Lieder zuschreiben?

Hiemit bin ich denn zum Schlusse dieser Abhandlung gelangt, wenn auch nicht zum Schlusse der Forschungen, die immer noch fortgesetzt zu werden verdienen. Immerhin haben wir Ursache, uns der bisher gewonnenen Ergebnisse zu freuen. Aus ihnen folgt, wie mir scheint, schon jetzt:

> daß Kutschke ein bereits bei den ältesten Völkern gefeierter Heros war, in welchem wir symbolisirt sehen die mit heiterem Humor schön gepaarte, von Vertrauen auf Gott und die gerechte Sache durchdrungene, unüberwindliche Kraft, mit welcher ein friedliches Volk zur Vertheidigung des Vaterlandes aufsteht, wenn es von räuberischen Feinden angefallen wird.

Darum finden wir auch das Kutschkelied auf einer förmlichen Seelenwanderung durch alle Kulturvölker. Darum verstummt es in Zeiten der Erschlaffung, und erhebt dann wieder seine Stimme, sobald sich der Volksgeist von Neuem ermannt, wie im Jahre 1813, wo bereits die beiden ersten Verse von unsern Kriegern gesungen wurden. Jetzt, in dem neuen großen Befreiungskriege, erschallt es in vollen Tönen durch das ganze deutsche Land, und der Held des Liedes erscheint von Neuem herrlich verkörpert in der Gestalt eines braven Füsiliers, oder vielmehr eines Heeres von Hunderttausenden todesmuthiger Kämpfer. Ihr sieggewohnter Kriegsherzog, Kaiser Wilhelm, führt sie an, den Lorbeerkranz im Silberhaar, Barbarossa's Schwert in der Heldenfaust. So Gott will, werden sie den Erbfeind vollends zu Boden schlagen, daß er nimmer wieder aufkommt.

Du aber, geneigter Leser, der du mir bis hieher theilnehmend gefolgt bist, erfülle dich ganz mit Kutschke's Geist, und wenn es dir nicht vergönnt war, selbst mit hinauszuziehen in den heiligen Kampf, so thue das Deine an den Brüdern, die für dich gestritten und geblutet!

Nach dem Frieden.

La belle' Josephine vom Mont Valérien — tire 141 coups — ein treffendes Symbol der „französischen Großmaulschaft", wird keinen Schuß mehr thun. Verstummt für ewig, steht sie, als Trophäe des errungenen herrlichen Sieges, im Zeughause der neuen deutschen Kaiserstadt. Und Friede wird sein auf Erden, mag auch vorerst nur die Furcht den Haß bändigen. Eine der betrübendsten Kundgebungen dieses Hasses ist die von den Zeitungen gemeldete Erklärung der Académie française, daß sie in Zukunft keine deutschen korrespondirenden Mitglieder mehr haben wolle. Aber schimmert nicht ein Trostlicht von Haspe her? Und streben denn die Kutschke-Homeriden überhaupt nach äußern Ehren? Wir alle, die wir an diesem großen Werke arbeiten, suchen die Wahrheit nur um ihrer selbst willen, und finden den Lohn unserer mühsamen Forscherarbeit nur in ihren wissenschaftlichen Früchten.

Diese mehren sich in erfreulicher Weise, seitdem die bisherigen Ergebnisse öffentlich bekannt geworden sind. Schon die Auffindung der Sanskritstrophe des Vedendichters Kutsa ergab, daß ich zu voreilig gewesen war, als ich den Ebers'schen hieroglyphischen Text aus dem 14. Jahrh. v. Chr. für die früheste Fassung des Liedes gehalten hatte, und deutete auf einen viel älteren Ursprung in der Zeit vor der Trennung der Indogermanen und Semiten hin. Inzwischen sind weitere Funde gemacht worden, die theils über diese Frage, theils über die ungemeine Verbreitung des Liedes im Mittelalter unter den Gothen, wie unter den Slawen neues Licht geben. Ich lasse mit diesen Texten auch die an mich gerichteten Briefe der geehrten Einsender abdrucken, so weit sie wissenschaftliches Material darbieten, und werde mit solchen Veröffentlichungen gelegentlich fortfahren.

Auch die Mythologen regen sich. Sie wollen mein Schlußresultat nicht gelten lassen, finden vielmehr in dem Kutschkeliede — wie seiner Zeit in Homer's Ilias — eine Darstellung des alten, in der Mythologie nicht endenden Streites zwischen Winter und Sommer. Naplân und Napoleon sei von Ἀπόλλων, dem spätern Sonnengotte, auf den auch die geflügelte Sonnenscheibe im Fries der Karnak'schen Tempelruine hindeute, offenbar nicht weit ab; auch rege sich ja in den Büschen die erste Wirkung der Sommersonne, und unter den rothhosigen Kerlen im offenen Felde könne man ohne Zwang die scharlachrothen Flamingo's verstehen, die nach dem Abfallen der sommerlichen Ueberschwemmung des Nil's heerdenweise in dem zurückgebliebenen Uferschlick herumstelzen oder auf ihren hochgethürmten Schlammnestern, wie auf Feldstühlen, sitzen. Aber das sind Phantastereien, durch die wir uns um so weniger irre machen lassen dürfen, da wir jetzt, wie der Leser gleich sehen wird, eine Etymologie des Namens Napolium gefunden haben, die mit geschichtlich beglaubigten Thatsachen dergestalt harmonirt, daß der Versuch einer Herleitung aus dem Griechischen aufgegeben werden muß. [1]

---

[1] Ich brauche kaum zu erwähnen, daß ich auch die Herleitung von Ἀπολλύων, dem Könige der skorpionenschwänzigen Heuschrecken, welcher der Engel des Abgrundes ist und auf Hebräisch Abaddon heißt, gänzlich verwerfe.

Herr Professor Th. Nöldeke zu Kiel schreibt an mich unterm 27. Febr. d. J.:

„Schon vor langer Zeit schickte mir ein Freund die Abschrift eines syrischen Liedes (aus einer Vatikan-Handschrift der Nitrischen Sammlung Cod. XCVII., schönes Estrangelo vom Jahre 784 der Seleucidischen Aera = 472 nach Chr., geschrieben von Sergius, Mönch im Kloster des heiligen Georg unweit Nisibis), aus dem ich durchaus nicht klug werden konnte, obgleich sich die meisten Verse leicht übersetzen ließen. Da empfange ich Ihre Mittheilungen über das Kutschke-Lied, und aufeinmal geht mir ein Licht auf. Es ist ein syrischer Text des Liedes, und zwar in so fließendem Syrisch, daß ich fast glauben möchte, dieser Text und kein anderer sei das Original. Allerdings müssen wir dann annehmen, daß der Dialekt mit der Zeit ein wenig retouchirt ist, und daß das Original, welches um 2333 v. Chr. entstanden sein mag, in der Sprache etwas alterthümlicher war;[1] aber diese Annahme hat ja auch keine Schwierigkeit, zumal bei einem Liede, das zugleich Volkslied und religiöser Gesang ist. Was mich in der Ansicht von dem syrischen Ursprung des Liedes bestärkt, ist der Umstand, daß die bisjetzt vergeblich gesuchte Etymologie des Namens Napolium (wie der Nebenformen Napolijon, Napoléon etc.) sich aus dem Syrischen mit Leichtigkeit ergiebt. Nâpôl-jôm (oder nach neuerer Aussprache Nôfûl-jûm) heißt „Faller eines Tages", „der an einem Tage fällt".[2] Wem kommt dabei

---

[1] etwa um so viel, wie die ersten Drucke von Luther's Bibelübersetzung im Vergleich mit den heutigen.

[2] Auf diese Etymologie spielt übrigens der Dichter selbst an, wenn er in Strophe 4 sagt: „Ô Nâpôljôm," — Tagfaller, — „jaumân n'falt!" — diesen Tag (heute) bist du gefallen! — Bekanntlich hat Nostradamus — geb. 1503, gest. 1566, diesen Tag genau vorherverkündet. Er sagt in einer von seinen i. J. 1558 gedruckten Centurien:

„Quand le second Empire viendra,
Plus que dix-huit ans ne vivra,
Moins un quart, pas un jour plus."

nicht gleich Jesaias 14, 12 in Erinnerung, wo vom gefallenen Lucifer die Rede ist? Napolium ist offenbar ein böser Geist (persisch dêv) von gewaltiger Macht, die aber sofort zusammenbricht, sobald ihm die Biederkeit Kutschke's entgegentritt. Kutschke ist offenbar das persische Kûtschek «klein». Diese Bedeutung mag uns nicht besonders passend erscheinen, da wir uns den Füsilier Kutschke als einen Mann von mindestens mittelgroßem Wuchs denken; aber erinnern wir uns nur daran, daß die alttestamentliche Gestaltung unserer Sage, in der Napolium Goliath und Kutschke David heißt, bei dem siegreichen Helden besonders hervorhebt, daß er klein gewesen, so wird jeder Einspruch schwinden.[1] Daß Napolium wirklich ein dêv, wird dadurch sicher, daß seine Stadt Paris heißt, worin niemand den Sitz der Pari's (altbaktrisch Pairika) verkennen wird. Diese gelten bei den Rechtgläubigen als böse Geister, bei den Andern als gute, ganz wie Paris von uns für ein Sündenbabel, von Irrgläubigen oder vielmehr Irrsinnigen für eine heilige Stadt gehalten wird. Bei den uralten Berührungen der persischen und der syrischen Sprache kann es nicht befremden, zwei persische Namen in diesem syrischen Mythus zu finden.

„Anbei gebe ich Ihnen den syrischen Text in gewöhnliche Druckschrift übertragen, mit Umschrift und wörtlicher

---

Der 2. Dec. 1852 — Tag des Staatsstreichs, der 2. Sept. 1870 — Tag der Capitulation von Sedan.

[1] Bemerkenswerth ist, daß auch auf dem Capitäl der Kutschkesäule zu Karnak Kutschke kleiner dargestellt erscheint als selbst seine Gattin. In der Kopfbedeckung des kriechenden Mannes auf dem Fries findet Reichert einen Hahnenkamm; Andere wollen den Tressenhut erkennen, mit welchem Claudius in seiner Bearbeitung der Sage den Riesen schmückt:

„War einst ein Riese Goliath,
Ein gar gefährlich Mann;
Er hatte Tressen auf dem Hut
Mit einem Klunker dran.“

Aber wo hat der ägyptische Bildhauer den Klunker gelassen? Ich ver-

Uebersetzung. Die wunderbare wörtliche Uebereinstimmung mit dem deutschen Text zeigt uns, daß die Vermuthung, letzterer sei aus einem lateinischen, beziehungsweise hebräischen Text geflossen, nicht stichhaltig ist. Ich denke mir, das Lied ist zunächst aus dem Syrischen in's Arabische übertragen, [1] und so deutschen Kreuzfahrern bekannt geworden. Natürlich fehlen im syrischen Text die zur Zeit seiner Entstehung noch unbekannten Reime; der Vers besteht aus einer einfachen achtsylbigen Zeile, deren je vier eine Strophe bilden.

„Zu Vers 1 bemerke ich noch, daß der Ausdruck râsef — kraucht — sonst von Schlangen steht. Das erinnert in wunderbarer Weise an das ägyptische Monument, auf dem der böse Mann mit dem Hahnenkamm eine Schlange kriechen läßt. Natürlich ist die Schlange eben ein neuer Beweis dafür, daß Napolium einer von den bösen Dämonen, die ja von den verschiedensten alten Völkern als Schlangen oder Drachen gedacht werden. Steckt am Ende schon in Mos. I. 3, 1 der Napolium?“

ܡܢܠܐ ܪܦܫ ܠܗܝ ܟܢܫܐ
ܪ̈ܡܝܐ ܠܗ ܕܗܘ ܠܢܦܘܠܝܘܡ ܗܘ
ܠܡܢܠܐ ܗܘ ܪܦܫ ܗܘ ܗܘ ܠܗܝ
ܠܘ ܐܘ̈ ܐܝܬܝ ܐܝܟ ܕܠܛܘܪ̈ܐ ܠܗ

ܘܟܟܦܬܐ ܗ̇ܝ ܘܡܝܬܐ ܦܢܝܫ
ܐܢܫܝ ܫܩ̈ܘܠܘܢ ܗܪ̈ܫܐ
ܠܦܝ ܐܬܝܘܗܝ ܦܢܝܫ ܠܗܝ
ܠܘ ܪܗܡܬܐ ܕܢܦܠܘܢ ܟܘܗܝ

---

misse den Klunker! Baumelt er etwa an der anderen, dem Beschauer abgekehrten Seite des Hutes?

[1] Allerdings in einen durch weitere Nachforschungen vielleicht noch zu ermittelnden anderen Text, als den auf dem Amulet unseres Turko Ben-Mohammed vorgefundenen.

ܘܕܡܫܩܝܢܐ ܘܕܡܕܡܙܠܬ[1]
ܐܝܬ ܙܒܢܐ ܕܗܘ ܠܓܠܝ ܐܕܢܝ
ܟܦܝ ܐܝܕܝܗܘܢ ܡܙܒܢܝܢ ܐܢܘ
ܠܘ ܐܘ̈ ܐܚܝ ܕܢܫܐ ܐܢܘܢ

ܐܘ̈ ܢܦܘܠܝܘܡ ܐܘ̈ ܢܦܘܠܝܘܡ
ܡܘܬܝ ܢܦܠܬ ܒܗ ܗܘܐ ܠܗ ܢܓܝ
ܠܐ̈ ܠܡܦܠܬ ܟܠ ܫܒܪ ܡܙܕܐ
ܘܬܐܡܪ ܠܗ ܡܠܟܐ ܡܠܟܘܬܝ

ܘܡܣܬܒܠܢܘܬܗܘܢ ܕܫܦܝܪܐ
ܟܠ ܡܠܟܐ ܠܠܟܐ ܟܠܗܝܢ ܬܫܘܒ̈
ܠܐ̈ ܠܫܪܝܐ ܡܫܬ ܕܢܦܪܘܫ
ܠܗ ܠܚܫܐ ܪܒܐ ܫܘܠ ܒܦܘܩܕܢ

---

mânâ râsef tammân b'âvâ
Was kriecht dort im Walde?
dâmjâ lî d'hû Nâpôljômû
Es scheint mir, daß es Napolium ist.
l'mânâ hau râsefû thammân
Warum jener kriecht dort?
tau ô aḥain ach d'netrod leh.
Kommt, o unsre Brüder, damit wir verjagen ihn.

W'bafqa'thâ hâi r'wîhtâ qâimîn
Und im Felde dem weiten stehn

[1] Am Rande steht: ܐܝܬ ܕܟܬܒܝܢ ܘܕܥܠܝܡܬܐ ܘܚܬܝܬ ith d'kâthbîn: w'da'laimâthâ w'ḥattîth: „Einige schreiben «und von den Jungfrauen» («Mamsellen»), und das ist die richtige Lesart."

nâśîn summâqai śarbâlê
Leute rothhosige.
l'mân îthaihôn qâimîn tammân
Warum sind sie stehend dort?
tau r'hîvâîth d'nestakkal b'hôn
Kommt schnell, daß wir ansehen sie.

Wadqânônê wadmitrâlê
Und von Kanonen und Mitrailleusen
îth ra'mâ d'veh teṣṣ'lân ednain
Ist ein Donner, wovon klingen unsre Ohren.
l'mân îthaihôn mar'mîn ennôn
Warum sind sie donnern lassend sie?
tau ô ahain d'nappel ennôn
Kommt, o unsre Brüder, daß wir zu Fall bringen sie.

Ô Nâpôljôm ô Nâpôljôm
O Napolium, o Napolium,
jaumân n'falt bîś wâ leh gaddâch
heute bist du gefallen, schlimm ist geworden dein Geschick.
nêzal l'quvlâch 'al s'var mârjâ
Wir gehen dir entgegen in der Hoffnung auf den Herrn,
w'thêvad lâh kullâh malkûthâch
Und verloren geht ganzes dein Königthum.

W'vâgôlûthhôn da Fransâjê
Und die Schwätzerei der Franzosen
Kul kullâh l'âlam 'âlmîn t'sûf
Ganz und gar auf Ewigkeit der Ewigkeiten hört auf.
nêzal l'Parîz messath d'nefro'
Wir gehen nach Paris, damit wir vergelten
leh l'ammâ rabbâ kul 'vâdau
Der Nation der großen all ihre Thaten.

Herr Dr. Karl Pauli zu Münden schreibt unterm 8. März d. J.:

„Ihr gestern in meine Hände gelangtes tiefsinniges Buch über den Ursprung des von unserm Landsmanne, dem Füsilier Kutschke, gesungenen Liedes hat mein Interesse in solcher Weise erregt, daß ich gleich heute auch meinerseits die mir zugänglichen Quellen durchforscht habe, um noch irgend etwas zu entdecken, das Aufschluß über jenes herrliche Kriegslied zu geben vermöchte. Bei der engen Verbindung, in der Hannover früher mit England gestanden, ließ es sich von vornherein vermuthen, daß diese oder jene Sanskrit-Handschrift auch hierher auf den Continent verschlagen sein dürfte. Es lag nahe, in den Archiven der hiesigen St.-Aegidienkirche, die ja auch die sterblichen Ueberreste des weiland Dr. Eisenbart, wie der Grabstein desselben erweist, enthält, Nachforschungen anzustellen, und dieselben sind denn auch nicht unbelohnt geblieben. Es fand sich wirklich, vergessen und ungekannt, ein altes Manuscript, in welchem ich alsbald die klassischen Zeichen der Dêvanagarî-Schrift entdeckte. Groß war meine Freude! Dieselbe sollte aber noch gesteigert werden, als sich, bei näherem Ansehen, ergab, daß die Handschrift das vollständige Kutschkelied enthielt, und zwar in einer Gestalt, die, wie die Accente, das Fehlen des sandhi und bestimmte grammatische Formen unwiderleglich darthaten, in die Entstehungszeit des Rigveda zurückreicht. Wir dürfen demnach das Verhältniß dieses neugefundenen Textes zu dem bereits von Ihnen mitgetheilten Bruchstücke dahin bestimmen, daß letzteres eine modernere Bearbeitung, jener eine ältere Fassung, vielleicht das Original sei. Dafür spricht auch die rührende Einfachheit des hiesigen Liedes, der sich die deutsche Form möglichst eng anschließt. Die jüngere Ueberarbeitung stammt möglicherweise aus den Zeiten der im Mahâbhârata gefeierten Kämpfe der Kauravâs und Pâṇḍavâs und dürfte leicht einem dieser beiden Geschlechter als Kriegs- und Siegesgesang gedient haben. Indem ich mir vorbehalte, über den

Dichter des ursprünglichen Liedes zum Schluß einige Worte hinzuzufügen, lasse ich jetzt den Text des Codex Mundensis folgen, zur Bequemlichkeit der Leser in lateinischer Umschreibung unter Weglassung der Accente, mit nebengestellter wörtlicher Uebersetzung:

kim pari sarpati vanê?	Was kriecht herum im Walde?
napôljum bhavati, manjê.	Napoljum ist's, mein' ich.
kim pari sarpati tatra?	Was kriecht er herum dort?
â, sakhâjas, tam â hata!	Auf, Genossen, ihn nieder schlaget!
tiṣṭhanti javasê tatrâ	Es stehn im Grase dort
bhûri vastrâṇi rôhitâ.	Viele Gewänder rothe.
kim tiṣṭhanti tatra pari?	Was stehn sie dort herum?
â jâta, tâ paçjâmasi!	Heran geht, die wollen wir besehen!
kanônais, mamsillâbhis tê	Mit Kanonen, mit Mamsellen die
garǵanti, karnam dhûjatê.	Brüllen, das Ohr wird erschüttert.
kim garǵanti pari tatra?	Was brüllen sie herum da?
â, sakhâjas, tân â hata!	Auf, Genossen, die nieder schlaget!
napôljum, um, hahî, ahê!	Napoljum, ätsch, o weh, au weih!
sambhugnam êtikartvamtê.	Krumm geht das zu Thuende von dir.
dêvatrâ, sakhâjas! tatra	Mit Gott, Genossen! Dort
çêtê mahârâǵjam tava.	Liegt die Großkönigschaft dein.
prankânâm nu mahânâdâ	Der Franken jetzt Großsprechereien
nuttâ santi sadâ-sadâ.	Weggestoßen sind sie immerimmer.
â! pûrnam mâtram pariṣi	Auf! Ein volles Maß in Paris
mahânâdêṣu dadhmasi!	Den Großsprechern setzen wir.

„Was nun den Dichter anlangt, so glaube ich, daß allerdings ein Zusammenhang zwischen dem Vedensänger Kutsa und unserem Kutschke besteht, möchte aber, namentlich durch die getreuere mittelhochdeutsche Form Kutscheke veranlaßt, anheimgeben, ob nicht vielleicht unser Lied von dem Sohne des Kutsa, dem «*kleinen* Kutsa», Kutsika auf Indisch, gedichtet sei. Dafür scheint auch die andere Form, die *gewöhnlich* den Sohn jemandes bezeichnet und hier Kautsa lauten würde, zu sprechen, in der man unser jetziges «Kauz» wohl ohne Mühe wiedererkennt.

„Die Erwähnung des Mittelhochdeutschen bringt mich auf einen andern Text, der in Begleitung des Hildesheimer Silberfundes ausgegraben worden ist, und der, da er *gothisch* ist, auch über dies vielbesprochene Silber Licht verbreitet. Es wird durch dies Lied klar, daß jene Geräthe einem Gothen gehört haben, und wer sollte das anders sein, als der von Scheffel und auch sonst vielbesungene Hiltibrant, Heribrantes sunu? Es ist für den Hörer oder Leser der Jordan'schen Nibelungen unschwer, zu errathen, bei welcher Gelegenheit jene Gefäße hier vergraben worden seien. Es war damals, als der Alte zur Oda nach Holmgart zog, um für Dietrich die Weissagung zu holen, wobei er durch diese Gegenden gekommen sein muß. Doch das nebenbei! Hier haben wir es nur mit dem Liede zu thun, und da ich dasselbe noch nirgends gedruckt finde, so erlaube ich mir, trotz der herrlichen altnordischen und mittelhochdeutschen Ueberlieferungen, es als älteste germanische Form unseres Liedes hier in lateinischer Umschreibung und mit wörtlicher Uebersetzung beizufügen. Die Allitterationsstäbe sind durch Unterstreichung hervorgehoben.

hvis sa manna in þaurnum?	Wer der Mann in den Dornen?
napôljum, ik man.	Napoljum, ich meine.
hva vili þar vaurkjan?	Was will er da wirken?
usdreibiþ, gadrauhtôs!	Vertreibt (ihn), Kameraden!

þar standand in staigai	Da stehen im Wege
fôtivê filu	Der Füße viel
raudaizê: hva standand?	Rother: was stehn sie?
rôdeiþ du im!	Redet mit ihnen!
kanônam, midrallôm	Mit Kanonen, Mitrailleusen
drunju ushafjand.	Gedröhne erheben sie.
hva drunju ushafjand?	Was Gedröhne erheben sie?
ushinþiþ, gadrauhtôs!	Fangt (sie), Kameraden!
napôljum, napôljum,	Napoljum, Napoljum,
vairs ist vaurstv þein.	Schlimm ist das Werk dein!
miþ guþa! fravaurpans	Mit Gott! Niedergeworfen
ist kaisaris vulþus.	Ist des Kaisers Herrlichkeit.
ufsvalleins nu sviltiþ,	Die Aufgeblasenheit nun vergeht,
bisvaurbana in aivins!	Weggewischt in Ewigkeiten.
in pareisins! rahtôþ	Nach Paris! Reichet
liugnjam laun!	Den Lügnern den Lohn.

„Es scheint mir möglich, daß dies Lied der alte Hildebrand gerade zum Singen einübte, als er die Gegend von Hildesheim (nach Hildebrand genannt?) durchritt, und es schnell nebst seinem Tafelgeschirr vergrub, als er in der Ferne seinen ungerathenen und räuberischen Sohn Hadubrand heraufdämmern sah. So erklärt sich am besten, daß beide Gegenstände zusammen gefunden wurden."

Endlich schreibt noch Herr Prof. Leskien aus Leipzig:

„Ihre Kutschkesammlung schickte ich einem Freunde in Moskau, dessen Interesse an den von Ihnen angestellten Forschungen ich kannte; zu meiner Ueberraschung antwortet mir dieser: «Als ich, wie Sie natürlich finden werden, zunächst die slawischen Uebersetzungen des berühmten Liedes ansah, fiel mir darin eine gewisse volksthümliche Art auf, die ich nicht wohl auf Rechnung der Uebersetzer schreiben kann. Dieser und andere gemeinsame Züge erregten in mir den Gedanken, daß die einzelnen Uebersetzungen mit Anlehnung an die Volkspoesie entstanden sein möchten; existirte aber ein derartiges Volkslied bei mehreren slawischen Völkern, so lag die Vermuthung nahe, dasselbe stamme aus urslawischer Zeit. Um es kurz zu sagen, meine Forschungen sind mit Erfolg gekrönt gewesen: in einer Handschrift der Synodalbibliothek fand ich das Original des Kutschkeliedes, aus dem die einzelnen slawischen Versionen geflossen sind, in kirchenslawischer Sprache. Meine Freude war groß, denn nicht nur der weiter geführte Nachweis vom Alter des Kutschkemythus war mir werth, sondern auch der Umstand, daß die slawische Form metrisch wie sprachlich ungemein belehrend ist; das Metrum ist das der serbischen Heldenlieder, und die Sprache noch so alterthümlich, daß die schwachen Vocale ŭ und ĭ im Verse volle Geltung haben. Ich zweifle nicht, daß das Lied in Bulgarien entstanden sei, die Form fręžiskoje statt frąžiskoje und andere sprachliche Eigenthümlichkeiten weisen darauf hin; wir haben in demselben einen kostbaren Rest der weltlichen Literatur des alten Bulgariens, die leider sonst so wenig erhalten ist. Beachtung verdient das Wort veleustije, während man sonst nur das Adjectivum veleustŭ (großmäulig) kannte. Die Namensform Naplunŭ erinnert an die orientalischen Sprachen.»“

къто тоу лазить въ лѣсѣхъ;
ѩко ми мьнить сѧ, наплоунъ.
по чьто тоу хоштеть лазити;
ижденѣте ѥго, дроузи мои.
и стоѩть на чистомь поли
ѥште много войнъ чрьвеныихъ.
по чьто стоѩть ти окрьстъ;
приидѣте, възьрнимъ ихъ.
канонами и митрайлисами
стрѣлѩѭть, да оуши болита.
по чьто ти тако стрѣлѩѭть;
нападѣте, да вьси падѫть.
цѣсарю наплоунѐ зълодѣю,
власть твоѩ ѥсть потрѧсена.
богоу нашемоу помагаѭштоу
цѣсарьство твоѥ разоримъ.
и велеоустиѥ фрѫжьскоѥ
ѥсть отъврьжено въ вѣкъ,
ѥгда въ паризѣ мы въздамъ
достойнѫѭ имъ вьсѫ мьздѫ.

Kŭto tu lazitĭ vŭ lěsěchŭ?
Wer dort kriecht in den Wäldern?
Jako mi mĭnitĭ sę Naplunŭ
Wie mir scheint Naplun.
Po čĭto tu choštetĭ laziti?
Warum dort will er kriechen?
Iždeněte jego, druzi moji.
Jagt heraus ihn, meine Freunde.
I stojętĭ na čistomĭ poli
Und es stehen auf freiem Felde
Ješte mnogo vojnŭ črĭvenyichŭ
Noch viele rothe Krieger.

Po čĭto stojętĭ ti okrĭstŭ?
Warum stehen die umher?
Priidĕte, vŭzĭrimŭ ichŭ.
Kommt her, laßt uns sie betrachten.
Kanonami i mitrajlisami
Mit Kanonen und Mitrailleusen
Strĕljajątĭ, da uši bolita.
Schießen sie, daß die Ohren schmerzen.
Po čĭto ti tako strĕljajątĭ?
Warum die so schießen?
Napadĕte, da vĭsi padątĭ.
Fallt sie an, daß sie alle fallen.
Cĕsarju Naplune·zŭlodĕju,
O Kaiser Naplun, Uebelthäter,
Vlastĭ tvoja jestĭ potręsena.
Deine Macht ist erschüttert.
Bogu našemu pomagająštu
Wenn unser Gott hilft,
Cĕsarĭstvo tvoje razorimŭ.
Dein Reich werden wir zerstören.
I veleustije fręžiskoje
Und die fränkische Großmäuligkeit
Jestĭ otŭvrĭženo vŭ vĕkŭ,
Ist verworfen für ewig,
Jegda vŭ Parizĕ my vŭzdamŭ
Wenn in Paris wir geben werden
Dostojnąją imŭ vĭsą mĭzdą
Ihnen den gebührenden ganzen Lohn.

Vor dem Druck der neuen Auflage kam mir aus Berlin ein Schreiben zu, worin über einen erwünschten Fund gemeldet wird, welchen ein deutscher Gelehrter neulich in London gemacht hat. Beim Durchstöbern der Masse von äthiopischen oder Geez-Handschriften, welche die Engländer vor einigen Jahren als Beute vom abyssinischen Feldzug mitgebracht haben, und welche nun im Britischen Museum noch unkatalogisirt beisammen liegen, traf er auf ein Zauberbuch, genannt ʿAuda Nagast, „der Kreis der Könige", welches durch seine manigfaltigen Zauberfiguren, langen Verzeichnisse von Zaubernamen, Gebete, Lieder, astrologischen Berechnungen u. s. w. seine Aufmerksamkeit auf sich zog und zu mehrtägigem Studium einlud. In diesem Buch fand er ein Blatt, mit zwei Kreuzen, vier Drudenfüßen, und drei concentrischen Kreisen, dazwischen die Buchstaben ቍ, ቶ, ቍ, d. h. que-tsche-que, welche als ein Wort zusammengelesen keinen Sinn geben und ihm Anfangs nur Abkürzungen von Zaubernamen zu sein schienen. Allein das Räthsel löste sich, sowie er das Blatt umschlug. Auf der Rückseite steht ein Gedicht von fünf vierzeiligen Versen, in dem er schon nach flüchtigem Lesen eine äthiopische Uebersetzung desselben Liedes erkannte, das jetzt in Deutschland soviel gelesen wird, und ihm auch in England durch Williams und Norgate zugekommen war. Die Abyssinier, deren nicht unbeträchtliche Literatur größtentheils aus Uebersetzungen griechischer, arabischer, koptischer, syrischer Texte besteht, haben offenbar von irgend einer der ihnen benachbarten Nationen dieses Lied herübergenommen. Da ihre Sprache gefügig genug ist, um den Satzbau nicht blos aller semitischen sondern auch der indogermanischen Sprachen, der alten und der modernen, nachzuahmen, und in der Regel ihre Uebersetzungen sehr wörtlich sind, so kann man annehmen, daß diese Verse in ihrer äthiopischen Version dem Urtext sehr nahe kommen. Nach den paar amharischen Schriftzeichen, nach einigen ziemlich jungen und mehr amharischen als äthiopischen Formen und Ausdrücken, die darin vorkommen, namentlich auch wegen der Erwähnung des mádfe' d. h. der Kanone, den sie erst seit der Zeit der Portugiesen in Abyssinien mit diesem Namen benennen, dürfte die Uebersetzung nicht früher als vor drei Jahrhunderten gemacht sein. Das Merkwürdige aber an der Sache ist, daß die guten Abyssinier, bekanntlich in gräulichen Aberglauben versunken, das Lied als ein Zauberlied gebrauchen, und es in ihr Königszauberbuch aufgenommen haben. Die paar darin vorkommenden barbarischen Namen, sammt dem Quetscheque an der Spitze, waren ihnen ein genügender Grund zu dieser Verwendung. Ob aber wirklich schon der Versuch gemacht worden ist, Jemanden damit zu bezaubern, und wie er ausgefallen, ist bei diesem Stück nicht ausdrücklich bemerkt, wie sonst wohl bei manchen andern.

Der Finder glaubte nun dieses Stück tale quale, mit Transscription und wörtlicher Uebersetzung zur Verfügung stellen zu müssen, und bemerkt dabei noch, daß die Verse der Abyssinier kein Sylbenmaaß und keine Sylbenzählung, sondern nur den Reim haben. Daß der Finder seinen Namen nicht nennt, darf an der Richtigkeit des Sachverhalts nicht irre machen, da innere Unwahrscheinlichkeiten nicht vorliegen, und sich wohl denken läßt, daß einer, der sich mit solchen Zauberstudien abgibt, dies nicht gerade durch die große Glocke von sich bekannt gemacht haben will. Ist ja doch sogar in dem abyssinischen Reich Schoa dieses Königszauberbuch officiell streng verboten.

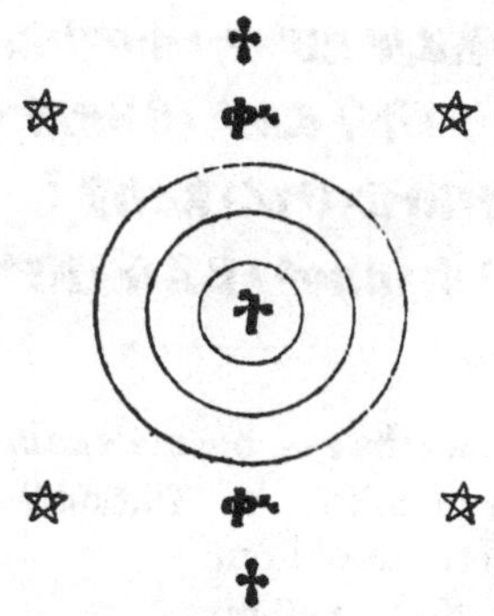

ምንትኑ፡ህየ፡ዘይትሐወስ፡በማእከለ፡ዖም ፤
አሐዝብ፡ዝውእቱ፡ናጳሊዮም ።
ምንተ፡ሎቱ፡ዝኩ፡ይትሐዋወስ፡በህየ ፤
ንዑ፡ሩዱ፡ሰዲዶ፡ስዱሁ፡አብያጽየ ።

ለገዳምኒ፡ርኢክዎ፡ምሉአ፡ፈያት፡
ቀይሓነ፡ሰናፌል፡ሥሩዓነ፡ጸታት ።
ምንተ፡ሎሙ፡ይቀውሙ፡ዝየ፡መራድ፡ዘከማሆሙ ፤
ንዑ፡ንትአኀዝ፡ንፍትን፡ሚራዮሙ ።

በመዳፍዕ፡የሀይጹ ፤ በመናግንት፡አምሳለ፡ፀዓዕ፡
ያበርቁ፡ያደምፁ ፤ እዘኒነ፡አልጸቀት፡ትንቃዕ ።
ምንተ፡ሎሙ፡እልኵቱ፡አድማፀ፡ኢያኀድጉ ፤
ንዑ፡አብያጽየ፡ናውድቆሙ፡እስከ፡ያነትጉ ።

ኦእምናጳሊዮም፡ኦእምናጳሊዮም፡
ለጽንዕከ፡ያንቀለቅል፡ዐምዱ፡ዮም ።
ነአኀዝከ፡ንነክንከ፡በጥብዕና፡
ናንግፍከ፡ኵሉ፡ንዋየ፡ምልክና ።

ወለፍርንጅሰ፡አፈዋቲሆሙ፡ተመከሕያን፡
ለዓለም፡ሀለወት፡ትትፌፀም፡በአማን።
ንው፡ረዊጸነ፡ንርከብ፡ሀገረ፡ጳሪስያ፤
ሀየ፡ንፍዲ፡ዕሴተ፡ዘከመ፡ይደሉ፡ለምድር፡መሠንያ።

Mént-nu héja za-itḫavas ba-mâ'ekala 'ôm
Was dort kriechend mitten im Dickicht?
'Āḫázeb ze-ve'etu napôliôm
Ich glaube, das ist Napolium.
Ménta lôtu zekû itḫavâvás ba-héja
Wozu sich der=da krabbelt dort?
Ne'û rûdû sadîda seddûhu abjâsséja.
Wohlauf drauflos! jagend verjagt ihn Kameraden mein

La-gadâm-ni re'îkevô melû'a fajât
Das Feld auch ich sehe es voll Spitzbuben,
Qaiḫâna sanâfîl sheru'âna ssôtât.
Rothen von Hosen, geordneten in Reihen.
Ménta lômû iqaúmû zeja marâd za-kamahômu
Wozu sich stehn sie hier (eine) Rotte wie die?
Ne'û net'âḫaz neften shîrâjômu.
Wohlauf! packen wir an, probiren ihr Rothzeug!

Ba-madâf'e jahaipu, ba-manâgent 'amsâla ssa'â'e
Mit Kanonen schießen sie; mit Maschinen, gleich (einem) Donnerwetter,
Jâbarequ jâdamessu, 'ezanîna 'alssaqat tenqâ'e
Blitzen sie, lärmen sie; unsere Ohren sind daran zu platzen.
Ménta lômu 'elkuetu 'admîssa 'i-jâḫadegû
Wozu sich die da zu lärmen nicht aufhören?
Ne'û 'abjâsséja nâudeqômu 'ska jânategû.
Wohlauf! meine Kameraden, werfen wir sie nieder, bis sie es sein lassen!

'Ô-'em-napôliôm 'Ô-'em-napôliôm
O des Napolium, O des Napolium!
La-ssénʻe-ka jânqaláqel ʻamdu jôm
Der Stärke dein wackelt die Säule heut.
Na'aḥáz-ka nenaknékka ba-ṭebʻenâ
Wir wollen packen dich, schütteln dich mit kühnem Muth,
Nângef-ka kuellô nevâja meleknâ
Abjagen dir alles Geräthe der Kaiserei!

Wa-la-fereng-sa 'afavâtihômu tamakâḥ^{e}jân
Und der Franzosen aber ihr Maulerwerk, der prahlerischen,
La-ʻâlam hallavat tetfassam ba-'amân
Auf ewig ist es daran verstopft zu werden in Wahrheit.
Neʻû ravîssana nérkab ḥagara parisejâ
Wohlauf! eilend wir wollen gewinnen (die) Stadt Paris!
Héja nefdî ʻesêta za-kama idalu la-medr^{e} mashannejâ.
Dort vergelten wir Lohn, wie sichs gebührt, der Länder dem vorzüglichsten!

Und nun zum Beschluß noch eine Liebesgabe für die braven süddeutschen Brüder, bei denen ich lange genug gehaus't habe, um ihnen von Herzen hold zu werden. Es gab eine Zeit, wo ihre Sprache uns fremd klang und ihnen die unsere. Als aber der Ruf zum Heerbann erscholl, da verstanden sie ihn wacker, und bewährten die deutsche Treue. Da gingen die Hessen blind drauf los, und die Schwaben theilten Streiche aus, wuchtig wie jene, davon uns Uhland gesungen in seiner „Schwäbischen Kunde", und die Baiern spielten dem Feind Schnadahüpfln auf, daß er einen Hupf that von Weißenburg bis Metz.

So haben wir im schönen Bruderbunde den glorreichen Sieg erstritten, und stehen fortan, mit starken Armen uns umschlingend, unauflöslich vereint.

„Wir wollen sein ein einzig Volk von Brüdern,
In keiner Noth uns trennen und Gefahr!"

Hani doch g'los't und g'los't, öb nit vo de Berge no's Echo
Chäm' us der Ferni her, vom Gotthard oder vom Schwarzwald,
Oder viliicht vo der Eifel. I ha sellzit jo ze Trier
Schöppli g'stoche genueg — nei, nit genueg! — unterem Nußbaum
Mit chrüzbrave Fründ und am runde Tisch im Kasino!
Endli chunnt's — und, weger, e doppeltes! — nidsi vo Urach,
Dört an der rauhen Alp, wo die brävste Schwabe derhei sin.
S'isch mi en Ehr; doch mueßi d' Tön' no ne bizzeli müschle,
Und vom Vater Hebel e paar gar schöni derzue ge,
Aß au alli Schwabe verstöhn mi Liedli. Do hender's:

Was schliicht dört imme G'hürst erum?
Bi'm Bluest, 's isch der Nabolium!
Was het der Kerli z'schliiche do?
Kam'rade, druf: 's soll ihm vergoh!

Und lueg, uf d' Spich'rer Berge stoht
Meng g'schlachti Burst in Hose roth!
Was triben's echterst? Druf und dra,
Aß me sie nöcher b'trachte cha!

Mit Hurlibaus und Schassebo
Do chlöpfen's, aß Eim gruſ't dervo.
Lönd's chlöpfe hi, lönd's chlöpfe her:
Mer schlah sie z'ſemme handumcher!

Nabolium, Nabolium,
Mit diner Sach goht's weger chrumm!
Se helfis Gott! dütsch blibt der Rhi,
Und Chaiser bisch zum längschde gſi!

Und die französchi Großmulschaft
Wird d'no für ewig abeg'schafft.
Uf, go Paris! de rechte Lohn
Dört wemmer ge der grrande nation!

Nehmet's fründli a, und wenni nit Alles ordeli g'troffe ha, se thuet's verbessere. I bin alliwil als Ein vo de Weichsel-Chaffere, und hanich scho lang nümme schwätze g'hört in eure lieblige Sproch, wo mi almig so gar sölli ag'heimelet het. B'hüetich Gott! und wer weiß, ob nit no ne mol wieder: Grüeßich Gott!

Uebersetzungen.

Holländisch.

Wat kroop daar in het struikgewas?
Mij dunkt, dat het Napoleon was.
Wat? kruipt die daar zoo ongestoord?
Gaauw, kameraden! jaagt hem voort!

Daar ginder in het open veld
Staat ook nog menig Fransche held.
Hoe durven Franschen daar te staan?
Komt! kijkt ze eens wat nader aan!

Ze maken daar met kogelspuit
En met kanon een helsch geluid.
Wat hebben die daar nog te „knallen?"
Vooruit maar, jongens, tot ze vallen!

Napoleom, Napoleom!
Met uwe zaken gaat het krom.
Voorwaarts met God! Dan is't gedaan
Met hem en heel zijn keizerkraam.

En met de Fransche snoeverij
Is het voor eeuwig dan voorbij.
Op, naar Parijs! haar wettig loon
Krijgt daar van ons de grrande nation.

*

Dänisch.

Hvad kryber omkring i Busken der?
Jeg tro'r at Napoleon det er!
Hvad har han der at krybe? ei ei!
Fremad! Kam'rater! jag ham hans Vei!

Hist henne paa den aabne Slette
Rødbuxer mange sig oplette!
Hvad have de der omkring at staa?
Frem! Kam'rater det høre vi maa!

Med Kanoner og Mammeseller
Knaller de, saa Ørene smeller.
Hvad har de at knalle og smelle?
Frem! Kam'rater alle at felle!

Napoleon, Napoleon, ei!
Med din Sag gaar det den krumme Vei!
Fremad med Gud, saa er det forbi
Med hele hans franske Keiseri.

Og de franske Storsnuderier
For evigt nu afskaffet bli'er!
Op til Paris! den rigtige Løn
Der vi betale la grrande Natiøn!

(Möller.)

Schwedisch.

Hvad kryper der i busken stum?
Jag tror, det är Napolium.
Hvarföre må han väl krypa der?
Fram! jaga honom, skynda Er!

Ock röda byxor hafva ställt
Sig der på detta öppna fält!
Hvarföre de väl der borta stå?
Att se på dem, kom låt oss gå!

I öronen det skallar väl,
Så som de knalla med mamsell.
Hvarföre de knalla väl så der?
Slå, tills der finns ej någon mer!

Napolium, Napolium,
Hela din sak är riktig krum.
Med Gud framåt, då är förbi
Hela hans stora kejsari.

Fransyskt storskryteri och prat,
För evigt blir det afskaffadt.
Fram till Paris, en god lektion
Skola vi ge den grrande nation!

(E. Funk.)

Litthauisch.

Kas lenda ten tose krumos?
Tai Napoljons, kaip man rodos.
Dabar, ka tur jis list tenaj?
Iszwikit ji, mano brolei!

Tai pasistato ant lauku
Daugelis tu raudonkelnu.
Dabar, ka tur ji cze stowet?
Eiwa, arczau jos pażuret!

Armotums, puczkums szaudże ji,
Kad strosznaj cipe man ausì.
Ka tur ji szaudit tajp bajsaj?
Ant ju, ant ju, mano brolei!

Napoljonuk' smirdeli tu,
Dabar tu eisi po welnu!
Tawô cesarystes galas bus;
Bo Ponas Diewas sunte mus.

Ilga leżuwi Prancusu
Nopiausem trumpaj ant amżu.
Paryże wissa użpelna
Jims dosem dikczaj ir gana!

(Dr. Reich.)

Englisch.

What 's prowling in yon bush? Hum, hum!
Methinks, it is Napolium.
What 's he about? He prowl'd enough.
Up then, ye comrades, turn him off!

And there in yonder field so waste
You 'll see red-trouser'd fellows placed.
What do they stand there, why? Goddam!
Comrades, we 'll closer look at them!

They treat our ears now with a fuss
Of cannons and their mistresses.
Why do they make that fuss? — Our call
Is: "On them, comrades, till they fall!"

Napolium! Napolium!
Thy matters skew, whate'er may come,
Up then, ye comrades, for at last
With God's will his empire is past!

The Frenchman with his braggardism
For ever we will now dismiss 'm!
On then to Paris! for we long
Now to reward the grrande nation!

(Carl G. Polchau.)

Englisch.

Song of the Out-Post by Sarrebrücke.

Who 's in the bush? a slouching chap!
If 't is n't that big villain Nap!
What business has he near our thicket?
Up, Guards, and at him! that 's the ticket!

Along the hedges and the ditches
I see a line of scarlet breeches.
What business have they hereabout?
Up, Guards, and at 'em! Turn 'em out!

The roaring guns and whistling wenches
Confound the air with noise and stenches.
What business have they popping here?
Up, Guards, and at 'em! Never fear!

Oh nevvy Nap of nunky Bony! [1]
In Queer Street you shall sleep, my crony!
Charge, one and all! — Who cares for hits? —
And smash his empire into bits.

French brag — it 's all veneer and polish! —
We 'll splinter, blister, and abolish!
To Paris! steady! march along,
And flabbergast lah grrrond nahshóng!

London. * * *

---

[1] nevvy = nephew; nunky = uncle; Bony the name that Napoleon I. was always known by in England during the war.

Oberwendisch.

Stó w keŕku tamhlej polěže?
To drje Napoleon gor je.
Što ma tam woko połazyć?
Komrota! chcemy jo zrazyć!

Hlej! hlej! tam steja na polach
Ći druzy w čerw'nych kholowach.
Što maja ći tam wonkach stać?
Do nich! tych chcemy wohladać!

Z kanonu a z mitraliju
Tam pucheju zo wuši ržu.
Što maja ći tam popuchać?
Wy bratřa! chcemy jich złuskać!

Napoleon, o njezbože!
Ze twojej sławy w kónc to je!
Při cyłym twojim khěžorstwi
Ći nichtó krošik njepožći.

A to francowske khlamanje,
To nětk na wěčnje złaman' je.
W Paryžu damy, Napoleon,
Wupłatu cyłej grrande nation.

(H. Lotze.)

Polnisch.

Co się tam po krzakach wlecze?
Toć to jest Napoljon przecie!
Czego on tam łazi w koło?
Chłopcy, gońcie go wesoło!

Tam na polu też gromada
Spodni czerwonych nielada.
Czego stoją? my nie wiemy,
Lecz je sobie obejrzemy!

Armatami ze swawoli
Hukają, aż w uszach boli.
Czego oni tam hukają?
Wprost na nich, aż popadają!

Biada ci, Napoleonie!
Trudno wątpić o twym zgonie!
Daléj z Bogiem, gdy Bóg z nami,
Twe cesarstwo w grób wkładamy!

Francuzka fanfaronada
Na wieki teraz upada.
Do Paryża wprost, w tém mieście
Damy im zapłatę w reszcie!

(Idźkowski.)

Ungarisch.

Füzilir Kutschke dala.

Mi mászkál ott a fűben? Mumum . . .
Ni ni, hisz ez Napolium.
Mit mászkál ott? Az angyalát!
Ugrassuk meg, nos rajta hát!

Amott a nyilt mezőn pedig
Vörös nadrág mutatkozik;
Vörös nadrág mit lézeng ott?
Vesd el magad! Csipd el legott!

Az ágyu és mitraliőz,
Pif paf puf, csaknem disznót győz;
No hisz lesz nektek pif paf puf,
Előre bajtársak! *Man druff!*

Napolium! Napolium!
Nem használ már brimborium.
Föl! Rajta csak! És istenugys'
Egész *amprőr*séged ma fucs!

S fölsült a nagy faranczia száj,
Sohsem csepeg már róla háj;
Párisba föl! hadd kapja honn
Ill diját a „grrande nation“!

(L. Hevessi.)

Rumänisch.

Cāntul luĭ Cucĭche.

Ce crauchuesce[1] 'n stufision?
'M par 'a fi Napolion.
Ce óre vrea acest mișel?
Haidețĭ băețĭ! pe el! pe el!

Maĭ vedĭ colea, — o ce minonĭ!
Și miĭ de roșie pantalonĭ!
Mĕĭ Stane! flinta dă'm curănd,
Se vĕd, ce óre ar fi cătănd!

Slobóde tunurĭ, — iute frațĭ!
'N urechea bumbac băgatĭ!
Pe eĭ băețĭ sĕ năvălim,
Pĕn' ce pe toțĭ 'ĭ prăpădim!

Napolion dragă, nu 'țĭ am spus?
Nu vedĭ acuma că te aĭ dus?
Nainte frațĭ cu vitejie,
Sĕ'ĭ dărămăm împĕrăție!

Moftúrile francesilor,
Nu maĭ domnesc in viitor.
Haĭ la Paris! resplată bună,
Se dăm mareleĭ națiune!

***

[1] Das Wort „crauchuesce" entspricht genau dem deutschen „krauchen", nur ist es seit langer Zeit in Rumänien nicht mehr im Gebrauch.

Italienisch.

Olà! chi in macchia va carpone?
Mi par che sia Napoleone.
Che cosa mai vi ha da strisciare?
Compagni, lo vogliam cacciare!

Nel campo là si sono mosse
Gran quantità di brache rosse —
Che diavolo ivi han da stare?
Andiamo, amici, a riguardare!

Colle zitelle e coi cannoni
Fan scoppio che l' orecchio soni!
Cosa, per Bacco, han da scoppiare?
Compagni, li facciam cascare!

Napoleon, Napoleone!
Gli affari tuoi non van benone.
Per Dio, benchè superbo e fiero,
Atterrerem tutto l' impero!

E la francese spampanata
Sarà per sempre ormai passata.
Affè! in Parigi il guiderdone
Daremo alla grrran nazione!

(Ferdinand Sieber.)

La Cuchcacha,

vieja aria guerrera aragonesa.

Quién nel bosco? atencion!
Por Dios, el Napoleon!
Que quieres tú? atras d'aquí!
Tu sangriento, guay á tí!

Al campo verde, que allá,
Rojo-calzada gente va.
Muchachos, sus, por riguardar
Las calzas y las bastonar!

Canones y al rededor
Tonan, llenando con dolor
Orejas. Ay, vos mostraré
Rugir vos monstros! Guardadse!

Fué frustrada tu accion,
Don emperador Napoleon!
Perdidas son, y por jamas,
Del tu imperio glorias!

Vaya, la Francia punir,
Su arrogancia extinguir!
Caé Paris, y sin perdon
Al diantre va la grrran nacion!

Canto traducido della boca aragonesa en la lengua castiliana la mas pura

por

Drygallo de Corvinos,

Gran d'Alemania de la menor qualidad.

Französisch.

Qui rôde là dans le buisson?
Je crois que c'est Napoléon.
Que veut-il donc? Que fait-il là?
Cam'rades, chassez-le hourra!

Pantalons rouges dans les champs
Ont accouru avec élan;
Que cherchent-ils dans nos chemins?
En avant! Rossons les coquins!

Avec mitrailleuse et canon
C'est un bruit infernal qu'ils font.
Pourquoi font-ils ce grand fracas?
A bas les vils marauds, à bas!

Napoléon, Napoléon,
Maintenant tu es en guignon.
Dieu nous aide, tu es capot,
L'empire est un méchant tripot.

Leur tic et leurs fanfaronnades
A jamais sont anéantis.
Nous paîrons les rodomontades
De la grrrand' nation à Paris!

(Ch. Graeser.)